JN086521

教養の会計学

ゲーム理論と実験でデザインする

田口聡志

|著|

ミネルヴァ書房

は し が き

これからの教養を考える

　AI（人工知能）など新しいテクノロジーの進展によって，現在ある職業のうち，いくつかの職業はなくなってしまうといわれており，そのような「消える職業」の上位に必ずといっていいほど挙がるのは，（悲しいことに）公認会計士・税理士などの会計専門職である。公認会計士や税理士などがやっているような細々した帳簿のチェックや作成指導などは，テクノロジーの得意技であるから，会計専門職の仕事は AI に取って代わられる可能性が高いというのがその理由であるようだ。

　そこにはそもそも（後述するように）会計専門職の現状の業務に対する誤解もあるのだが，実際にそのような新聞記事を読んだ学生からは，「先生，簿記検定や公認会計士試験の勉強を頑張っても，将来意味がなくなるって本当ですか？」という質問を受けることがある。このような質問に対して，筆者は，以下のように答えるようにしている。

　「AI の進展により会計専門職の仕事の内容が大きく変容することは確かだが，会計専門職がなくなってしまうわけではない。むしろ AI の助けにより高度な判断や意思決定がなしうる『より面白い職業』に変身するかもしれない。だから簿記や会計を頑張って勉強することは，君たちの将来にとって決して意味がないことではない」。

　もちろん，私自身も，未来がどうなるかについて，はっきりと予測できているわけではないのだが，いずれにせよ 1 つだけいえるのは，そう遠くない未来において，会計専門職のある部分の業務が実際に AI に取って代わられるとともに，ある部分が新しい業務として増え，そして，そのことにより会計における「教養」の意味，つまり，会計人が身につけておくべきリベラルアーツの意

味が大きく変わるのではないか，ということである。

　もちろん，これは何も会計だけに限った話ではない。AIなどテクノロジーの進展により，我々人間は，より人間が得意とする業務に回帰していくのかもしれない。つまり，AIの進展は，「人間の排除」ではなく，むしろ「人間の，人間への原点回帰」をもたらす。では人間への原点回帰（人間の得意とする業務への回帰）とは一体何だろうか？　1つの可能性としては，それは，クリエイティビティ（創造性）やコミュニケーションを背景とするより高度な判断や意思決定，つまり「ヒトの『こころ』をフル回転させた（十分に駆使した）業務」であると考えられる。さらにそこでは，ヒトを想い，ヒトと寄り添い共感するようなマインドというものも，人間の原点として重要となるだろう。そしてそうであれば，我々が身につけるべき教養も，それらを射程においたものであることが求められるし，そもそもこれからの世の中における教養とは一体何かという問題に，我々は正面から向き合う必要があるのであろう。

　もっとも，「後ろ向きな作業の簿記や会計に，そんな話が登場する余地は，そもそもあるのか？」という懐疑的な声もあるかもしれない。しかしこれは簿記や会計に対する誤解であると筆者は考える。（AIに取って代わられる前の段階であっても）簿記や会計は，決して後ろ向きなものではなく，むしろこれら（ヒトのこころをフル回転させた業務）の宝庫なのである。たとえば，経営者の公表する利益数値は，一様に決まる「事実」ではなく，経営者の判断や意思決定を総合的に集めた「意見」であり，ある意味で経営者のクリエイティビティ（創造性）が反映されたものである。また，それに対する投資家や監査人の判断や意思決定は，当然のことながらその背後に隠された経営者の意図を先読みしておこなわれる必要がある。もちろん，経営者もそのような先読みを更に先読みして，会計情報を開示する。その先の読みあいは無限後退し，どこまでも続いていく。とすると，そこには，会計利益という情報を介したコミュニケーションの背後に隠された人間同士の先の読みあい，意図の読みあいが存在することが理解できる。会計とは，なんとダイナミックな領域なのだろうか！

　しかし残念なことに，簿記や会計のそのようなダイナミックな側面は，残念

ながら一般的にはあまり知られていない。本書は，そのような簿記や会計のあまり知られていない側面を明らかにするとともに，会計における新しい時代の「教養」（リベラルアーツ）とは一体何かという問題に挑戦することにしたい。（もちろん，このような試みが結果として実際に成功するかどうかについては難しいところがあるかもしれないが，しかし）筆者は，少なくとも志としては，本書でそのような「未来へ向けて立ちはだかる大きな壁」にアタックしてみたい。

　そして，そのような（後ろ向きな作業の宝庫であると誤解されることの多い会計の書籍としては稀有な？）志を持って編まれたことから，本書は，これまでのいわゆる「会計学の教科書」とは一線を画するものである。もしかすると，本書を手に取り少し読み進めた読者は，少し（いやかなり？）面食らうかもしれない。特に伝統的な会計を知りたいという読者がいたとしたら，本書はそのようなニーズとはあまりにもかけ離れているかもしれない。しかし筆者は，本書において，会計における新しい教養を，読者とともに真正面から考えていきたい。AI 時代にも決して消えない，新しい，これからの時代の会計の教養を。そして，新しい，これからの人間のあり方を。

　読者の皆さんと筆者との本書をつうじての出会いと交流が，ゲーム理論でいう「囚人のジレンマ・ゲーム」ではなく，最高の「コーディネーション・ゲーム」となることを祈っている。

本書の特徴

　ここで，本書の特徴を，あえてスローガン的にいうとするならば，「**新時代の会計の基礎理論が，いまここに**」ということになる。すなわち，大風呂敷を広げるならば，上述のとおり，「新しい時代の会計人を養成するためのテキストを作ろう」という大義名分を持って本書は執筆された。そのうえで，本書の特徴は大きく2つある。

　第1は，**最先端の会計研究を意識している**ところである。特に，日本における会計学のテキストをながめてみると，簿記検定など資格試験対策が中心的な内容となっていたり，また会計基準の解説に終始しているものであったりと，

無味乾燥としているものが多いように思われる。他方、欧米をはじめとする最先端の会計研究は、人間の行動や心理に接近した極めてダイナミックなものが多い。両者の違いを語るテキストは、これまで皆無であったし、また、特に最先端の会計研究に触れることのできる機会があれば（しかもそれが、初学者の手にも届くように、わかりやすく論じられていれば）、読み手も、会計の本当の面白さや大切さを、うまく理解することができるかもしれない。このように、近年の新しい会計研究が有するダイナミックさを十分意識している点が、本書の特徴の1つといえる。

　また第2は、**会計以外の領域との接点を強く意識**している点である。すなわち、会計のテキストの多くは、どちらかというと（もちろん、会計のテキストなので間違ってはいないのだが）会計の内側にベクトルが向かっているといえる。しかし、それでは、新しい時代の教養として不十分なのではないかと筆者は考えている。すなわち、会計の本質を考えるにあたっては、会計以外の方向からあえてアプローチすることで（つまり、いったん会計の外側に飛び出ることで）、会計と他領域、ひいては社会との関係を考えるきっかけを作ることができるのではないか、またそれが翻って会計の本質を理解することにつながるのではないか、ということを意識して本書は執筆されている。特に、序章でも論じるように、実は、会計は人間の社会性と密接な関係にあることから、人間心理や、その相互作用が織りなす「社会」というものを意識することが、会計の本当の理解につながるものと思われる。このように、多様な視点から会計にアプローチしている（そしてそのことにより、会計の本質に接近しようとしている）点が、本書のもう1つの特徴といえる。また、各章の終わりには、「読書案内」をつけているが、ここで述べた趣旨から、会計以外の書籍を意識的に挙げることで、広い視点で会計を捉えることができるように配慮している。

　本書の対象となりうる読者
　また、上記のような特徴を意識しながら執筆されているため、本書では、簿記上の具体的な仕訳や、決算書の作成方法・分析方法、もしくは会計基準の具

体的な条文や内容などを一切取り上げていない。これは，既存の会計テキストと大きく異なる点であるし，また，その点からすれば，「会計の具体的な会計処理が知りたい」「具体的な会計基準を調べたい」というニーズを有する方は，残念ながら本書ではなく，他の（いわゆる伝統的な）テキストを参照することをオススメしたい（第2章補論の「読書案内」を参照されたい）。

　それでは，本書の対象となりうる読者は，一体どのような方なのか。たとえば，会計をすでにある程度学習してきた経験はあるものの，これまで会計を面白いと感じたことがない方などに，是非とも本書を紐解いてほしい。また，会計を学習したことはないが，（既存の簿記などではなく）人間心理と数字との関係に興味がある方や，経済学や心理学，経営学，社会学などには興味があり，そのような視点の応用として，会計がどのように説明できるのかに関心がある方にも是非とも本書を読み進めてほしい。これらを念頭に置きつつ，具体的に対象となりうる読者を例示列挙するならば，以下のとおりである。

・会計学を学ぶ大学生・大学院生。
・AI に負けないビジネスの教養を身につけたいと思う野心的な大学生・大学院生。
・現実世界の会計業務に携わる公認会計士・税理士などで，特に数字の裏側には人間の思いや意図が存在しているのではないか，と日々何となく考えている方。
・簿記や会計をある程度勉強してきた（したことがある）が，いまいち会計が面白いと思えない（「会計ってつまらない」と感じたり，「会計の面白みって何だろう？」と疑問に思う）学生やビジネスパーソン。
・企業の財務・経理部門におり（もしくは，そのような業務と間接的に関わっており），会計は組織や社会にとって，どのように役立っているのかに興味があるビジネスパーソン。
・企業や組織で財務や会計に何らかのかたちで携わっている（これから携わる予定である）が，そう遠くない未来に自分の業務が AI に取って代わられ

てしまうのではないかと少し不安に思っている方。

・新しいタイプの会計学を体系的に学びたい，もしくはこれから先の会計が
　どのように変化していくのかに興味がある（そして，それらを考えることで，
　ステップアップしていきたいと考えている）ビジネスパーソン。

・企業を巡る財務・金融・経済政策を担当するための知識や技術を身につけ
　たい政治家・官僚・公務員。

・国際標準な会計学の知識を持ちたい経済担当のマスコミ関係者。

・シンクタンク等で経済分析を担当しているが，AI に取って代わられない
　ための教養を今のうちから身につけておきたい（そのことで自分の身を守り
　たい）と考えるエコノミスト。

・会計学専攻ではない，もしくはなかったが，新しいタイプの会計学を知っ
　ておきたい方。

・知的好奇心にあふれた高校生。

・会計専門ではないが，人間のこころに興味がある，もしくは，行動経済学
　や心理学などが会計（というかなり遠そうな領域）にどのように応用されて
　いるのか知りたい他領域の研究者・大学院生・学生。

　もちろん，上記はあくまで例なので，これらに当てはまらない方でも，本書
を読み進め，新しい会計の，そしてこれからの人間のあり方を，一緒に考えて
いただけたら幸いである。

　またここで，本書タイトルの「教養」という用語について，筆者の想いを先
に伝えておきたい。教養（リベラルアーツ）という言葉は，ともすれば「入門」「簡
単」「初学者用」「広く浅く」などと誤解されやすいが，しかし本来は，人間を
自由にする学問のことをいう。本書でもこの本来的な意味での「教養」を念頭
に置き，固定観念に縛られることなく，自由な発想で会計を斬っていくつもり
である。

　それでは，これから一緒に，新しい会計の教養を身につけるための旅に出る
ことにしよう。

教養の会計学
——ゲーム理論と実験でデザインする——

目　次

はしがき

第Ⅰ部　新しい教養への準備

第Ⅱ部　会計の原初形態

序　章
人間の中へ
──ヒトの社会性と会計──

┌─ まず考えてみよう ─────────────────────────
　なぜ簿記や会計はこんなにもつまらないのか？　逆にどういう視点で会計を
捉えたら，面白くなりそうか？
└───────────────────────────────────────

┌─ アブストラクト ───────────────────────────
　この章では，あとの議論の出発点として，会計が人間の意思決定や行動と密
接に関連していることを示すとともに，会計が決して「退屈」なものではない
（かもしれない？）ということを明らかにする。

　すなわち，一般的には，会計は無味乾燥としていて，つまらないとされるこ
とが多い。しかしながら，それは会計に対する「濡れ衣」であると筆者は考え
る。たとえば，会計の起源が，実はヒト（ホモ・サピエンス）が社会性を獲得
するプロセスにあったということは，会計学のテキストを紐解いてみてもあま
り書かれていない。また，現代の会計における決算書の「利益」は，実は経営
者の判断や意思決定を総合的に集めた「意見」であり，ある意味で経営者のク
リエイティビティ（創造性）が反映されたものであるということも，あまり知
られていない事実である。

　このように，あまり知られていないが，しかし「裏の顔」ともいえるそのよ
うな会計の本当の姿を知ることができたら，無味乾燥とした印象のある会計が，
なんとなく潤い豊かなものに見えてくる。結論的にいえば，会計を知るという
ことは，人間を知るということにほかならない。序章ではこの点に関する概要
を一緒に確認することにする。
└───────────────────────────────────────

キーワード：社会性，神話，記録，理論

1 会計はつまらないという「誤解」

「会計は無味乾燥としていてつまらない」という言葉を耳にすることがある。筆者自身も，自分の職業を尋ねられて会計学者であるということをカミングアウトした際に，「会計って……あの簿記のことですよね？　あれって退屈じゃないですか？　しかもその研究って……（しばし沈黙）」などと（ある意味で素朴で素直な）反応をされたことがしばしばある。

筆者自身は，会計は決して退屈なものではないと考えている（よって，上述のような誤解をいつか解きたいと思っている）が，しかし同時に，現状では，そのような誤解を受けても仕方がない状況にあるとも感じている。というのは，現状の（少なくとも日本の）会計教育は，私からみても，はっきりいってつまらないからである。たとえば大学や商業高校において，多くの学生は，訳もわからず簿記の仕訳を教えられ，教員から暗記を強要（？）され，退屈な作業を続けるうちに，結局「どうもこれは退屈だな」とか「つまらないな」と思ってしまうのだろう。本当はその先に，エキサイティングな世界が広がっているのに，そこに到達することができないままに……。これはとても残念なことである。

もっとも，このような退屈な「暗記」と「記帳訓練」が課される背景には，簿記や会計が資格試験（簿記検定試験や公認会計士，税理士などの国家資格試験）などと結びつきやすい（そして資格試験の出題がそのような記帳の仕方に偏っている）ということが要因として挙げられるかもしれないが，いずれにせよ，現状では，つまらないという「誤解」を受けても仕方がない状況にあるといわざるを得ない（しかも，このような記帳の仕方を丸暗記することが，今後の社会における教養や専門性にはつながらないことは，「はしがき」でも述べたとおりである）。

以上のように，上述の「会計はつまらない」という会計への拒絶反応は，「本当は面白い（ハズな）のに，つまらないと思われてしまっている」という意味で誤解といえる。しかし他方で，誤解を与えても仕方ない状況があるため，その誤解はもっともなものであるともいえる。

2　ヒトの起源と会計の起源——会計の起源はヒトの社会性

　会計に対するそのような誤解を解く準備作業として，ここではヒト（ホモ・サピエンス）の起源を考えてみよう。いきなり大風呂敷を広げるようで恐縮であるが，序章ということもあるので，ここでは少しスケールの大きな話をしたい。結論的には，実はヒトの起源と会計の起源は関係している。具体的には，会計の起源は，ヒトが人間としての**社会性**を身につけるプロセスと密接に関係しているといえる。そこで，近年の進化心理学や歴史学などの知見を拝借することにしよう。

　ヒトは互いに支え合って進化してきた。というのは，ヒトというものは，他の動物より極めて弱い存在であるからである。たとえば，ヒトが狩猟生活をしていた時代を考えてみよう。もし，道具を持たない丸裸のヒトと他の動物（たとえばライオン）が戦ったとしたら，ヒトはおそらく一撃でやられてしまうだろう。ヒトは，このように弱い存在であるから，個人でなく集団で生きることで，必死に自分の身を（そして種を）守ってきた。ここに，ヒトの協力の起源がある。また，ヒトは道具を使うようになり，更には農耕を覚え，定住生活を始めることになる。ここにおいて，ヒトは社会を形成していくことになるのであるが，そこでは，如何に集団や組織を維持するか，協力していくかが重要なカギとなる。

　ここで，**ヒトの社会性**は，2つの発明により支えられたとされている（ハラリ 2016：第2，7章）。1つは「神話」の発明である。多くのヒトが集まり支え合って生きるためには，ヒト同士をつなぐ何らかのストーリーや，お互いにシェアできる「こころの拠りどころ」が必要となる。たとえば，身近な例として，高校のクラスを考えてみよう。みんな赤の他人同士なのに，「同じクラス」というだけで，なぜか我々は仲間意識のようなものを持ってしまう。もしくは社会人でも，「同じ大学出身」というだけで，たとえ初対面の相手でもなぜか親近感が湧いてくる。このような「なぜか仲間意識が湧いてくる」や「なぜか親

図序 - 1　古代エジプト文明
出典：pictkan.com より。

近感が湧いてくる」仕掛けを如何に作るかが，集団や組織の維持に必要となる
ことは何となく想像できるだろう。古代エジプト文明（図序 - 1）や古代メソ
ポタミア文明の都市，ローマ帝国などの協力ネットワークは，想像上の秩序た
る神話を基礎にしたものであり，神話がヒトとヒトとの関係をつなぎ，かつ，
社会規範として協力を律するものとなったのである。
　また，もう 1 つの発明は，「記録」（書記体系）である。たとえば，ヒトとヒ
トとのネットワークが徐々に大きくなっていくと，それらの関係性をヒトの脳
だけにとどめておくのは限界がある。また，時間軸を考えた場合，世代を超え
て神話を維持し広めていくためには，記録を残すことが必要不可欠となる。更
に，社会がより複雑化し巨大化していくと，その維持のために，数的記録が必
要になる。たとえば，集団が大きな国家となり，国家維持のコストがかかるよ
うになると，それをまかなうために税を集めるような仕組みが作られてくる。
そして何十万もの人から税を徴収するには，さまざまな数的データを集めるこ
とが必要不可欠だった。人々の所得や財産についてのデータ，支払いについて
のデータなどが積み重なると膨大な量になり，それを保存して処理する必要が
生じる。これに最初に対処したのが，メソポタミア文明のシュメール人だった
とされる。シュメール人は，紀元前3,000〜3,500年の間に，脳の外で大量の数

4

的データを保存し処理するシステムを発明した。これによってシュメール人は，ヒトの脳の制約を超え，都市や王国，そして帝国の出現への道を開いたとされる。

　このように人類が生物学的な限界を超えて，大規模な協力ネットワークを形成することができたのは，「神話」と「数的記録」という2つの発明によるものであるといえる。そして現代の会計は，この数的記録の延長線上にある。もちろん，古代シュメール人が開発した数的記録から現代の会計に至る間には，多くの紆余曲折があることはいうまでもないが，このように会計の起源を（やや大風呂敷を広げるかたちで）捉えてみると，**会計は人間の社会性からくる必然的な帰結**であるということがいえる。つまり，会計を理解することは，人間を理解することにはかならないのである。

3　現代の会計——会計がわかると何がわかるのか？

　このように会計は，人間の社会性に根づいたものであるといえるが，その後の人類の歴史の中で，さらに変化していく。そこで，（その変化したあとの）現代の会計の状況を確認しておこう。

　結論的にいえば，現代の会計も，人間の心理と大きく関わっている。たとえば，経営者の公表する決算数値は，企業の経済活動の「事実」であるといってよいだろうか。この問いに対して，多くの読者は，「イエス」と答えるのではないだろうか。すなわち，会計システムは，ある経済活動をインプットすれば，唯一の答えをアウトプットする機構になっているから，企業の利益も当然事実であるというのが大方の考えであろう。

　しかし，結論的にいえば，この答えは「ノー」である。実は，会計システムは，唯一の答えをアウトプットするような機構にはなっておらず，1つのインプットに対して，複数のアウトプットを用意しうる情報システムになっている。更に，アウトプットの決定には，ある程度経営者の裁量の余地がある。このように，会計上の利益数値は，実は経営者の判断や意思決定を総合的に集めた

「意見」であり，ある意味で経営者のクリエイティビティ（創造性）が反映された
ものであるということは，（繰り返しになるが）あまり知られていない。そし
てそうであれば，それに対する投資家や監査人の判断や意思決定は，当然のこ
とながらその背後に隠された経営者の意図を先読みしておこなわれる必要があ
る。つまり，そこには，会計情報を介した人間同士の意図の読み合いが存在す
る。

　その意味で，**会計を知るということは，人間心理を知るということにほかな
らない**し，「会計がわかると何がわかるのか？」という問いに対しては，「人間
がわかる」と答えることができるかもしれない。読者の皆さんには，あとに続
く各章で，この「生きた会計」，ないし「味わい深い会計」を体感してもらえ
たら幸いである。

4　理論を学ぶことの重要性──本当の教養に接近するヒント

　このように「味わい深い会計」を，我々はこれから一緒に体感していきたい
と思うのだが，ここで本当の教養に接近するヒントを，過去の偉人の言葉から
紐解いてみたい。

　会計学の世界における「過去の偉人」の1人として井尻雄士が挙げられる。
井尻は，三式簿記などの斬新な研究が有名で，米国会計学会の会長も務めるな
どグローバルに活躍した会計学者である。井尻は，通常の理論と区別される
「超理論」（super-theory）というものの重要性を説いている。「超理論」は，通
常の理論が有する3つの役割（①「説明」，②「予測」，③「作動」）のほかに，④
「理解」という役割も有するとして，以下のように述べている。

　「またここで『理解』とは，たんに実在の事象について説明できる，予測で
　きる，またはそれに作動してかえることができる，というレベルのものでは
　ない。こういった行為があくまで当該の事象に焦点があるのにたいして，理
　解のほうの焦点は事象の根本にある原理とそれから生まれる知識ということ

─── **Column ①**　「理論」とは何か？ ───

　筆者が実務家と議論していて，時々「すれ違い」を感じるのは，理論の位置づけについてである。実務に従事する方の多くは，「会計基準」を「理論」として位置づけているようである（読者の皆さんは，いかがでしょうか）。それに対して，研究者は，会計基準を「理論」とは考えない。むしろ，現実の政治や妥協の産物として考えており，この点，しばしば「すれ違い」を生む原因となる。

　それでは，研究者は，何を理論と考えるのか。これには色々な考えがあるが，一般的には，説明の根拠，ないし何らかの枠組みを理論と捉えることが多い。つまり，現実世界はさまざまな要因の入り混じったカオスであるため，それをそのまま見ようと思っても上手く捉えることができない。そこで「見えないモノが見えてくるオペラグラス」が必要となるが，それが理論であると捉えるとわかりやすい。本書では，会計基準の説明はほとんどおこなわないつもりであるが，それは，上記のように本書の主眼が，あくまで（上述の「説明の根拠」という意味での）理論にあるからである。

ができるであろう。（中略）こういう理論を「超理論」とよんで，通常の理論があくまで事象の説明・予測・作動をその役割とするのと区別することが有益である」（井尻 1996：155，下線は筆者）。

「…（前略）…『理解なき説明・予測・作動』には大いに危険性がともなうものである。それは理解に根ざした判断にもとづく説明・予測・作動には当該事象よりもっと広い事象から生まれる原理を把握することからくる安定性と自信をともなうからである。理解のともなわないそれは微視的で枝葉にとらわれたものになりがちで，成功することがあっても一時的なものに終わりがちである」（井尻 1996：156，下線は筆者）。

　このように井尻は，単に事象の表面的なところを捉えるのではなく，その根本にある原理を捉えることが重要であり，また，そのような原理から得られた知識である「理解」があれば，長期的な安定感をもって物事の判断がなしうる

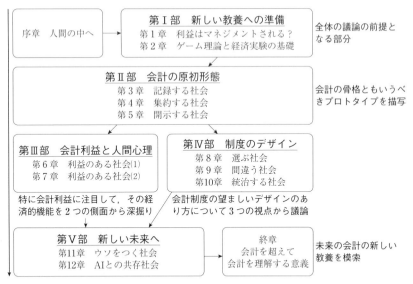

図序-2　本書全体のアウトライン

と述べている。本書で我々が目指すべき教養とは，まさにここでの「理解」に
ほかならない。我々は本書で，単に表面的なものに囚われない原理，そして
「理解」を探求していく。

5　本書の全体像

本章の締めくくりとして，本書全体のアウトラインを示しておこう（図序-2）。
本書は全部で5つのパート（全12章）からなり，その前後を序章と終章でサ
ンドイッチするような構成となっている。まず序章と第Ⅰ部（新しい教養への準
備）では，全体の議論の前提となる部分を整理し，続く第Ⅱ部（会計の原初形
態）では，会計の骨格というべきプロトタイプを描写している。そして，その
骨格部分を前提に，第Ⅲ部と第Ⅳ部は並列の関係にあり，まず第Ⅲ部（会計利
益と人間心理）では，会計利益に着目して，その経済的機能を2つの側面（意思
決定支援機能，契約支援機能）から深掘りしている。他方，第Ⅳ部（制度のデザイ

ン）では，会計の制度的側面に着目して，制度の望ましいデザインのあり方について，３つの視点（制度選択，情報の正確性，ガバナンス）から議論をおこなっている。それらの議論をうけて，第Ⅴ部（新しい未来へ）では，会計の新しい教養のあり方を捉えるために，人間のウソおよび AI という２つをテーマに議論をおこなっている。最後に終章では，会計を超えて会計を理解する意義について述べる。

　なお，会計の基本的な仕組みを簡潔に理解しておきたい方のために，第２章補論として，「会計は利益を計算する──５分でわかる会計基礎」を（第２章のあとに）用意している。

読書案内

ユヴァル・ノア・ハラリ，柴田裕之訳『サピエンス全史──文明の構造と人類の幸福』（上）（下）河出書房新社，2016年（Harari, Y. N., 2015, *Sapiens : A Brief History of Humankind,* Harper.）。
＊人間の歴史を広いスパンで語る。会計を支える人間の社会性に広く思いを馳せるために，そしてこれからの時代の教養のためにも，是非とも読んでおきたい。世界的にもベストセラーになった１冊。

亀田達也『モラルの起源 実験社会科学からの問い』岩波新書，2017年。
＊人間の社会性を，他の動物との比較の中で，さらに（本書でもカギとなる分析ツールである）経済実験を用いて紐解いていく１冊。丁寧な記述で読みやすい。最先端の実験社会科学研究に触れてみたい方に最適。

友岡賛『会計の歴史』改訂版，税務経理協会，2018年。
＊独特のタッチで会計の歴史の「息づかい」を感じることのできる１冊。「そもそも会計に歴史なんてあるのか？」と思った方，また，会計が無味乾燥としていてつまらないと思う方は是非手にとってほしい。

安宅和人『イシューからはじめよ』英知出版，2010年。
＊会計の本ではないが（また本章とも直接は関係しないが），このあとの「知的

生産」を進めるために，是非一読しておきたい1冊。本当に優れた知的生産を
するためには，「何について答えをだすべきか」というイシューに徹底的にこ
だわる必要があることが理解できる。著者のいう「悩む」と「考える」の違い
にハッとさせられる。これからの時代の教養を考えるためのベースとして読ん
でおきたい。

参考文献

井尻雄士「原価主義と労働価値説」シャム・サンダー，山地秀俊編著『企業会計
　の経済学的分析』中央経済社，1996年。
ユヴァル・ノア・ハラリ，柴田裕之訳『サピエンス全史——文明の構造と人類の
　幸福』（上）（下）河出書房新社，2016年（Harari, Y. N., 2015, *Sapiens : A
　Brief History of Humankind,* Harper.）。

第Ⅰ部
新しい教養への準備

第Ⅰ部では，新しい教養への準備として，本書全体の議論の前提となる部分を整理することにする。

　まず第1章では，人間心理と企業会計の関係の大枠をつかむことにする。続く第2章では，分析のためのツールとして，ゲーム理論と経済実験の基本的な考え方を学習する。

本書全体の中での位置づけ

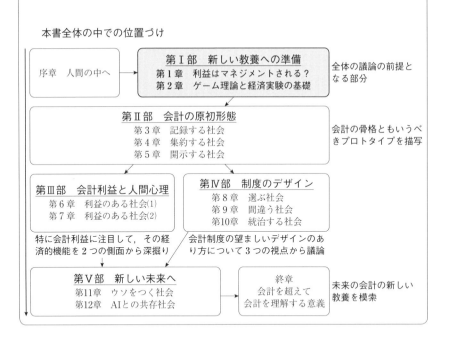

第1章

利益はマネジメントされる？

——人間心理と企業会計——

┌─ **まず考えてみよう** ─────────────

　「人間の視点」から会計を捉えるというが，具体的には，一体どのようにしたら，そのような思考ができるだろうか？

└────────────────────────

┌─ **アブストラクト** ─────────────

　本章では，人間心理と企業会計との関係について，大枠をつかむことを目的とする。ここでは会計を言語，そして情報として捉えることが重要であり，またそう捉えることで，会計の需要と供給のプロセスにおいて，人間の意図や思惑が入り込んでくることが理解できる。

└────────────────────────

キーワード：言語，情報，ブーメラン効果，利益マネジメント

1　会計を学習して何かよいことがあるのか？

　序章において，会計は（中身はよくわからないが，どうやら）退屈なものではなさそうだ，そしてそのカギとなるのが，「人間の視点」から会計をみることのようだ，ということは理解できた。しかし，続けて次のような疑問も湧いてくる。「人間の視点」から会計を捉えるというが，具体的には，一体どのようにしたら，「人間の視点から会計を捉える」ことができるだろうか。このことを考える1つのヒントとして，**そもそも会計を学習することにどんなメリットがあるのか**という問いを考えてみよう。

　結論的にいうと，学習のメリットは2つある。第1は，**ビジネスがよりよくわかる**ことである。また第2は，**だまされない**，ということである（図1-1）。

　まず第1のメリットについて，**会計はビジネスのグローバル言語**とされる。ここでは，「ビジネス」という視点と，「グローバル」という視点が重要になる。まず前者について，実際の企業は，「消費者のため」や「社会のため」などさまざまな理念を持ってビジネスをおこなっているが，もしそれで採算がとれない（儲けることができない）のであれば，現実的には企業は存続できなくなる。そう考えると，ビジネスにおいては，究極的には「儲けること」（儲け続けること）が重要なカギとなる。そうであれば，ビジネスにおいて儲けの計算をおこなう会計は，極めて重要なものとなる。この点について，たとえば，京都にある京セラ㈱という企業の創業者である稲盛和夫氏は，「**会計を知らずに経営はできない**」と述べているが（稲盛 2000），ビジネスの羅針盤としての会計を知ることで，ビジネスをよりよく理解することができる。

　また，後者について，会計はグローバルな言語である。たとえば，会計を支

メリット1：ビジネスがよりよくわかる（会計はビジネスのグローバル言語）
メリット2：だまされない（「会計＝情報」と捉える視点）

図1-1　会計を学習する2つのメリット

─── **Column ②**　ビジネスの言語と人間心理 ───

　会計だけでなく，日常世界でも，言葉を知ることで世界をよりよく理解できるということはある。子供は，言葉を覚えていくことで，世界の仕組みを徐々に理解していく。大人でも，海外の言葉を少しずつ覚えていくことで，その土地の文化や習慣を知り，その国や地域に対する深い理解を得る。このように，**言葉を知ることは，世界を知ること**につながる。そしてビジネスの世界においても，会計という言語を知ることは，ビジネスのよりよい理解につながるといえる。特に「よりよい」という点がポイントであり，これは，「はしがき」でも述べた，未来社会で身につけておくべき教養につながる点である。特に，会計を言語と捉えることで，発話者（企業や，企業経営者）が，どのような意図を持ってその言葉を発するのか，また他方，相手（利害関係者）が，それをどのように解釈するのかといった「言葉と人間心理の関係性」も重要になることが理解できるだろう。

　さらにいえば，言語は時に，人々のこころを揺るがすだけでなく，社会を変える力も持っている。ビジネスの言語も，もちろんそのような側面を持っている。そしてそうであれば，会計を学ぶうえでは，「仕訳や細かな処理方法」だけでなく，「会計と人間心理の関係」や「会計が経済社会に与える影響」も広く含めてその射程とすべきであることが理解できよう。

える複式簿記という仕組みは，**万国共通**であり，日本で使われている複式簿記の仕組みは，米国や欧州，アジア諸国で使われている複式簿記の仕組みと基本的に同じである。たとえば，プラットフォーム・ビジネスをおこなう米国のFacebook, Inc. という企業は，日本企業と同じように，会計の決算書を作成している。このように，会計は万国共通であり，会計を知ることで，海外の企業，ひいてはグローバル経済についてより深い理解を得ることができる。

2　「会計＝情報」と捉える視点

　また，第 2 のメリットは，「**だまされない**」という点である。これは第 1 の点とも関連するが，会計がビジネスのグローバル言語であるとすると，会計は，

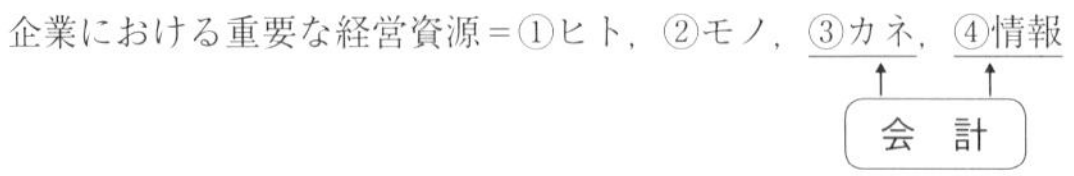

企業における重要な経営資源＝①ヒト，②モノ，③カネ，④情報

会　計

図1-2　ヒト・モノ・カネ・情報と会計

同時に中身を持った**情報**であるということもいえる。すなわち，企業経営においては，「**ヒト・モノ・カネ・情報**」という**経営資源**を如何に活用するかが重要であるといわれているが，会計は，このうち「カネ」の側面を持つだけでなく，「情報」という側面も併せ持つ（図1-2を参照）。

そして「情報」と聞くと，読者の皆さんはどのようなイメージを持つだろうか。たとえば，いまやインターネット上には多くの情報が溢れており，何か知らないことがあっても，ぱっと検索することで，すぐにそれを調べることができる。その意味では，情報は大変便利なもの，つまり，「情報＝有用」という明るい（？）イメージを持つ方が多いのではないだろうか。しかし，インターネットの情報が全て真実のものかというと，決してそうではない。たとえば「フェイク・ニュース」などのように，ウソの情報かもしれないし，またウソではないにせよ，印象操作などのように，誰かの意図で情報が歪められている可能性もある。そして，これは会計でも同じである。すなわち，会計を「情報」として捉えるならば，（もちろん有用な側面もあるが，しかし他方で）それが意図的に歪められる可能性も当然ある。

しかし，ここで次のような疑問も湧いてくる。会計は，そのような人間の意図が介在しうるものなのか，と。この点については，実は，会計とはそのようなものであるという解答になるのだが，ポイントは大きく3つある。

第1は，**会計のあいまいさ**である。あとの章でも述べるように，実は会計は，1つのインプットに対して答えが1つに決まるようなシステムにはなっておらず，経営者の見積りや判断の余地が多い（アウトプットの「幅」が大きい）仕組みになっている。つまり，本質的に歪められやすい性格を持っているのである。ある経済事象に対して，処理の方法を少し変えれば，利益の金額も大きく変わる。このような会計の仕組みとしてのあいまいさは，一般的にはあまり理解さ

会計とは……

> ①ビジネスのグローバル言語
> ②情報

⇨会計を学ぶことで……
　①ビジネス，そして経済社会をよりよく理解できる人間になれる。
　②意図ある情報操作にだまされない人間になれる。

図1-3　会計を学ぶ意義

れていないが，しかし会計を語るうえで極めて重要な点である。

　第2は，**情報の非対称性**である。すなわち，経営者と株主などの利害関係者との間には，情報格差があり，企業内の情報をより多く有し情報優位にある経営者は，情報劣位にある利害関係者にウソをつくことのできる状況にある。

　第3は，企業の業績が，**経営者の地位や報酬，ひいては名声に関連している**ということである。たとえば，決算数値が黒字（儲けがプラスの状況）であれば，「優秀な経営者だ」と世間に認めてもらえるかもしれない。しかし他方，赤字（儲けがマイナスの状況）であれば，自分の評判や報酬は落ちる可能性が高いし，ひどい場合には，自身の経営者としてのクビが飛んでしまう可能性すらある。特に米国などでは伝統的に，会計利益と経営者報酬が連動している（利益が大きければ報酬も大きくなるが，利益が小さければ報酬も小さくなる）**業績連動型報酬制度**を採用している企業も多いから，経営者は，企業業績を過剰ともいえるぐらいに気にしながら，経営をおこなっているというのが実態である。

　以上の3点から考えると，たとえ誠実で真面目な経営者だとしても，利益数値を歪めようという気持ちになってもおかしくはないといえるし，またそのようなことが（やろうと思えば）できる余地が，実は会計にはあるのである。

　そしてそうであれば，会計を勉強すれば，「**意図ある情報操作にだまされない人間になれる**」ということができる。世の中は，人間のさまざまな思惑や意図にあふれているし，情報技術がいままで以上に進展することが予想される未来社会では，なおさらである。人間の意図に翻弄されないためにも，企業がどのように情報を産出するのか，そのプロセスやルールを知る必要があるし，さらにどのような情報操作の手法があるのか，またその背後にどんな人間心理が

ありうるのか，より深く知る必要がある。

　以上の内容をまとめると，図1-3のようになる。

3　会計情報の需要と供給

　ここまでの話で，そもそも会計を学習することに何かメリットはありそうだ，ということは理解できた。そしてその根底には，会計をビジネスの言語，そして情報として捉えるという視点がどうやら重要であることも理解できた。そこで，ここまでの話を踏まえたうえで，冒頭の「まず考えてみよう」で掲げた問いに戻ってみよう。

　本章の冒頭では，「『人間の視点』から会計を捉えるというが，具体的には，一体どのようにしたら，そのような思考ができるだろうか？」という問いを立てたが，実はこの問いを考えるヒントは，会計を情報として捉える視点にある。

　すなわち，先に述べたとおり，会計の本質は情報であるが，ここで情報を，1つの「財」として捉えてみる。いまの時代は，目に見える「モノ」だけでなく，目に見えない情報も経済的な財として流通している。たとえば，IT企業などは，まさに情報をビジネスで取り扱っているし，また，身のまわりでいえば，新聞や雑誌，書籍，音楽なども，情報が経済財として取り扱われている一事例といえる。そして，会計を経済財として捉えると，それに対する「**需要**」と「**供給**」というものを想定できる。ここで，会計情報の供給者は企業の経営者，需要者は株主や債権者などの利害関係者であると考えられる。

　ここで供給サイドの経営者は，企業の経済活動を**複式簿記**というシステムを用いて会計情報に変換する。「企業の経済活動」は多岐に渡り，それを統合することは容易ではないが，複式簿記というシステムは，それに貨幣価値という光を浴びせることで（そして特に複眼的なライトにより）集約した情報に変換する。この集約情報が，**財務諸表**とよばれるものである。これを経営者は需要者に供給するが，その情報変換や開示のプロセスにおいて，経営者は，情報を自

分に都合のよいように意図的に歪める可能性がある。

　他方，需要サイドの利害関係者は，そのような経営者の戦略的な行動を（完全ではないもののある程度）織り込み，会計情報を解釈することになる。そして，それをもとに，自らの意思決定をおこなう（たとえば，株主であれば，株主総会での議決権の行使方法を決定することや，株式を買うか売るかを決定する）。

4　ブーメラン効果

　ここで，供給サイドの話をもう少し掘り下げてみよう。経営者は，発信する情報により相手がどのように行動するかを予想して，自らの行動を決めることが予想される。これを，会計情報の「ブーメラン効果」という（図1-4）。

　たとえば，読者の皆さんも，会話をする場合に，相手がどう思うかを考えてその内容や表現を変えるということがあるだろう。逆に何も考えず（または空気を読むことができずに）発した言葉のために，痛い目にあったという経験をお持ちの方もいるかもしれない。会計も同じである。何も考えずに情報開示をしてしまうと，「ソニー・ショック」などにみられるように予期せぬ株価下落を招いてしまうこともある（**Column** ③参照）。

　そして，このようなブーメラン効果を踏まえると，かしこい経営者は，自分の発する会計情報が利害関係者の行動にどう影響を与えるかを予想し，有利な結果を導く（不利な結果を回避する）ような望ましい会計数値を公表しようとするだろう。そして，望ましい会計数値を公表するために経営者がとりうる方向性は，大きく2つある（図1-5）。

　第1は，不正など，会計ルールを破る（法を犯す）ことで，会計情報を歪めることである。しかしこれは，発覚時のコスト（最悪の場合，逮捕，罰則，経営者の地位剥奪など）があまりにも大きいため，多くの経営者は，コスト・ベネフィットを考えてよほどのことがない限り，この方向性を回避しようとするだろう。それに対する第2は，ルールの枠内で会計情報を歪めることである。これには更に，会計手続の変更や見積方法の修正など，会計数値それ自体を直接的

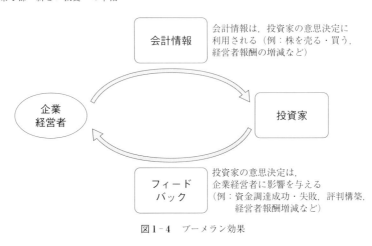

図1-4　ブーメラン効果

①会計ルールを破る（法を犯す）ことで，会計情報を歪める
②ルールの枠内で会計情報を歪める

図1-5　望ましい会計数値を公表するために経営者が取りうる方向性

図1-6　まとめ：会計情報の需要・供給と利益マネジメント

に調整する方法（これを「**会計的裁量行動**」とよぶ）と，取引契約の分割化など，取引の仕方や実態そのものを変更することで会計情報を歪める方法（これを「**実体的裁量行動**」とよぶ）とがある。これらは，あくまで合法的な範囲内で会計数値を歪めようとするものであり，このように経営者がルールの枠内で会計情報を歪める調整行動を，**利益マネジメント**とよぶのである（図1-6）。

―― **Column ③**　ソニー・ショック――ブーメラン効果を予測できなかった情報開示 ――

　ブーメラン効果を予測できなかった情報開示の失敗例の1つとして，たとえば，2003年4月に起こった「**ソニー・ショック**」とよばれる大きな株価大暴落をご存知だろうか。

　当時のソニー㈱は，日本が世界に誇るエクセレント・カンパニーの1つとして注目を浴びており，2003年3月期の決算は，純利益が1,155億円と前年度の7.5倍に回復した。そして，ソニーは，この決算発表と同時に，次年度の利益見通しも公表し，その中で，リストラ費用が利益を圧迫するものの，次期は500億円の黒字となるというアナウンスをおこなった。普通に考えたら，今期が大幅増益，そして次年度も黒字をキープということであれば，株価は上がりそうなものである。しかし現実はそうではなかった。決算発表後のソニー株は，国内外の機関投資家などからの投げ売りが殺到し大暴落してしまい，かつ，この影響が市場全体に波及し，日経平均株価がバブル崩壊後の安値を更新してしまうという事態となったのである。そしてソニーは，この株価下落を境目として，その後，低迷期に入ることになる。ここで，市場参加者は，（今期の業績がよかったことや，次年度が黒字予想であることではなく）今期から次期にかけて，利益が下落するという「変化」をマイナス評価し，ソニーの将来に対して悲観視したのである。

　歴史に「たられば」はないかもしれないが，もし仮にソニーが，次年度の利益見通しをここまで「素朴」に出さずに，投資家の動きをある程度先読みして，もっと「上手に」情報開示していたとしたら，一体どうなっていただろうか。（もちろん，ある程度の株価下落は避けられなかったかもしれないが，しかし）きっとここまでの株価大暴落は避けられたかもしれない。その意味でも，企業経営者には，「この情報を出したら，どんな反応が返ってくるか」ということを絶えず気にしながら，情報開示をすることが求められるといえよう。

読書案内

稲盛和夫『稲盛和夫の実学――経営と会計』日本経済新聞社，2000年。
＊京セラの創業者である稲盛和夫氏の経営指南書。「会計を知らずに経営はできない」の言葉は含蓄深い。経営の中での生きた会計を感じたい方にオススメ。初学者向け。

———— **Column ④**　企業がおこなう「ビッグバス」——ブーメラン効果を予測した情報開示 ———

　本章で述べた「利益マネジメント」の実例として，たとえば**ビッグバス**（big bath）という手法がある。ビッグバスとは，ある年度の利益をわざと小さくしておき，その反動を利用して翌年度の利益を実態以上に大きくする方法のことをいう。

　「そんなことができるのか？」と疑問に思う方も多いと思うが，実は，できるのである。すなわち，会計利益は，現金収支そのものではなく，（その計上タイミングは現金収支とズレてもよいとする）**発生主義**という考え方で計算されるため，会計利益はある意味での「柔軟性」を持っている。もちろん最終的には，現金収支に裏づけられる必要はあるのだが，イメージ的には，パズルの「ピース」（利益の構成要素たる収益や費用）を，どの期の「ボード」（決算書）に当てはめるかという感覚である。

　現実のビジネスの場面では，たとえば，あまり業績が見込めない期の決算において，わざと将来支出を前倒し処理できる「引当金」により，ビッグバスを合法的におこなうことが可能となる。すなわち，会計上，引当金処理により，損失をいったん前倒しで計上しておけば，翌期以降，実際の支出があったとしても（すでに損失として決算書に計上しているため，改めて）それを利益のマイナスとして損失計上しなくてもよいのである。

　この意味で，しばしばみられる企業の「Ｖ字回復」（利益が大幅赤字になったあとに大幅黒字となること）などは，期間をまたいだ合法的な利益マネジメント，ひいては，ブーメラン効果を見据えた巧みな情報開示戦略がその背後に潜んでいる可能性がある。

須田一幸・山本達司・乙政正太編『会計操作——その実態と識別法，株価への影響』ダイヤモンド社，2007年。
＊「実際の企業は利益マネジメントをおこなっているのだろうか？」そんな問いに現実のデータを用いて答える刺激的な1冊。分析の難易度からすると上級者向けだが，初学者・中級者も，この本の問題意識だけでも感じとってほしい。

平野智久『ケースブック財務会計』新世社，2018年。
＊本章で述べたように，会計を学習するうえでは，決算書の裏側にある人間の心

理にふれることが有用であるが，本書は，実際のケースを用いて，会計を「生きたもの」として描いている。現実の会計がどうなっているのかに興味がある人にオススメ。

田村威文『ゲーム理論で考える企業会計──会計操作・会計規制・会計制度』中央経済社，2011年。
＊利益操作の問題を，ゲーム理論を用いて分析する研究書。ゲーム理論を用いて会計や監査の論点をどのように分析したらよいかについて，さまざまな示唆を与えてくれる。難易度は高いが，チャレンジする価値はある。

笠井昭次『会計の論理』税務経理協会，2000年。
＊本章では，会計を「言語」として捉えることの重要性を示したが，このような視点は何も新しいものではなく，会計の世界では，実は古くからさまざまな論者により指摘されているところである。その集大成ともいえるのがこの1冊。ハードな上級者向け（いや，研究者向け？）であるが，筆者は大学院生の頃，本書に出会って「こんな骨太な理論があったのか」と人生観が変わる思いがした。会計研究の力強さを体感するためにも，一度は目をとおしておきたい。

参考文献

Bonner. S. H., 2008, *Judgment and decision making in accounting*, Prentice hall.（サラ・ボナー，田口聡志監訳，上枝正幸・水谷覚・三輪一統・嶋津邦洋訳『心理会計学──会計における判断と意思決定』中央経済社，2012年）。
稲盛和夫『稲盛和夫の実学──経営と会計』日本経済新聞社，2000年。
須田一幸・山本達司・乙政正太編『会計操作──その実態と識別法，株価への影響』ダイヤモンド社，2007年。

第2章
ゲーム理論と経済実験の基礎
——相互作用の分析——

┌─ まず考えてみよう ─────────────────────────
　前章で学んだ「会計情報の需要と供給」（経営者と投資家の相互作用）を，一体どのように分析したらよいのだろうか？
└───────────────────────────────────────

┌─ アブストラクト ───────────────────────────
　前章では，会計の問題を考えるうえで，「人間同士の相互作用」が重要であることを確認した。そして，この「人間同士の相互作用」を分析する有用なツールの1つとして，ゲーム理論が挙げられる。特にゲーム理論の「ナッシュ均衡」を学ぶことで，我々は「映画の結末予想」をすることができる。この意味で，ゲーム理論は，予測し（predict），説明し（explain），そして処方する（prescribe）ために有用なツールであるとされる。

　また，ゲーム理論の広がりとともに，そこで予測される「均衡」が，現実世界でも実際に成立するかに注目が集まっており，それを検証するツールとして，経済実験という手法が注目を浴びている。実験は，ゲーム理論の有する強みを，実証サイドからサポートする分析ツールである。

　本章では，ゲーム理論と経済実験の基礎を学ぶことで，あとの章における分析の基礎を身につけることにする。
└───────────────────────────────────────

キーワード：ゲーム理論，経済実験，実験社会科学，ナッシュ均衡，インセンティブ

1　未来を駆けるゲーム理論＋経済実験

前章では，会計の問題を考えるうえで，「人間同士の相互作用」が重要であることを確認した。そして，この「人間同士の相互作用」を分析する有用な分析ツールの１つとして，**ゲーム理論**が挙げられる。ゲーム理論は，現在，経済学だけでなく，政治学，社会学，経営学，心理学，生物学，神経科学，そして会計学などでも用いられており，応用範囲が広い分析手法である。

また，ゲーム理論の広がりとともに，そこで予測される「均衡」が，現実世界でも実際に成立するかに注目が集まっており，それを検証するツールとして，**経済実験**という手法が注目を浴びている。ゲーム理論と経済実験をあわせた分析手法は，「行動ゲーム理論」や「実験経済学」とよばれ，また近年は，ゲーム理論と経済実験が多くの社会科学領域で利用されていることから「**実験社会科学**」ともよばれている。

本章では，（会計そのものの問題からいったん離れて）ゲーム理論と経済実験の基礎を学び，また実験社会科学の動向を概観することで，あとの章における分析の基礎を身につけることにする。

2　なぜ現実の理解にモデルとデータが必要か？

ゲーム理論や経済実験の具体的説明に入る前に，まずここで，現実の問題を考えるうえで，なぜゲーム理論や経済実験の基礎を学ぶ必要があるのかを考えてみよう。端的にいえば，モデル分析やデータ分析を用いて現実の混沌の奥底にあるエッセンスを抽出することで，現実のよりよい理解に迫りたいからである。以下，そのことを説明する。

まず，現実世界，モデル分析とデータ分析の三者関係を（イメージ的に）図示すると図2‐1のようになる。

図2‐1に示されるとおり，まず現実世界を抽象化したものがゲーム理論な

図2-1　現実世界，モデル分析とデータ分析の三者関係

どのモデルである。すなわち，現実は極めて混沌としており，それをそのまま理解するには困難が生じるし，また現実世界のエッセンスが理解できなければ，先の未来を考えることも難しいだろう。そこでまず，現実世界の混沌を解きほぐし，現象のドライビング・フォース（駆動力，何がどのように効いて現実世界が動いているかという要因）を特定化することが重要になる。これがモデル分析である。

　そして，モデル分析により得られた説明や予測が正しいかどうか，実際に検証する必要があるが，それがデータ分析の役割である。もしデータ分析によって，モデルでは予期し得なかった結論（意図せざる帰結）が発見された場合，それをモデルにフィードバックすることで，モデルの現実的説明力と予測可能性を高めることができる。

　このように，モデル分析とデータ分析とがうまく補い合うことで，**現実のよりよい理解**と，**将来に向けての処方箋づくりが可能**となるのである。

3　相互作用を分析するゲーム理論

　上記を前提に，具体的な説明を展開していくことにする。まず本節以降では，ゲーム理論の基礎について学ぶことにする。

　ゲーム理論は，複数プレイヤーによる相互依存的な意思決定問題の帰結を均衡として予測ないし解明する分析ツールである。すなわち，人や組織は，日々

```
① プレイヤー（登場人物）
② 戦略（選択肢）
③ 利得（ある登場人物がある選択肢を取ることによるハッピー）
```

図 2 - 2　ゲーム理論分析における 3 つのポイント

何かしらのかたちで他者ないし他の組織と関わりながら活動している。たとえば企業は，多くの取引先や消費者，ライバル企業，株主や銀行などとの関わりで存在している。また，企業の内側をみてみると，部署間の関係（たとえば，営業部門と経理部門の関係）や，部署内の関係等（たとえば，上司と部下の関係），実に多くの人間関係が存在する。そしてそのような関係性の中では，自らの意思決定や行動の帰結が，他者の意思決定や行動に左右されることが数多くある。たとえば取引先との価格交渉や，部課内での協力はその最たる例である。このような複数の人や組織の間の**戦略的相互作用**（strategic interaction）を分析するツールが，**ゲーム理論**である。

　ゲーム理論の分析において重要なポイントは 3 つある（図 2 - 2）。

　第 1 は「**プレイヤー**」である。これは，どのような登場人物が意思決定に関係するのかということである。第 2 は「**戦略**」である。これは，各プレイヤーがどのような選択肢のもと意思決定するのかということである。第 3 は「**利得**」である。これは，各選択肢をとること（ある意思決定をおこなうこと）が，各プレイヤーにどのような利得（ハッピーやアンハッピー）をもたらすのかということである。上記 3 つを念頭に置きながら，以下では，具体例を考えてみよう。

4　組織における協力問題

　ここでは，組織内における協力問題を考えてみる。たとえば，大学のゼミナールで，グループ課題を 2 人（プレイヤー：A さん，B さん）で取り組む必要があるとしよう。両者とも，課題をきちんとやり遂げて，ゼミの指導教授や先輩達に褒められたいと思っているものの，しかし，グループでの仕事の分担は自分達自身で決めてよく，できれば自分は頑張りたくない（相手に仕事を任せた

表2-1　選択肢と帰結

		B	
		頑張る	さぼる
A	頑張る	2人で協力，課題達成	Aだけ頑張り，課題達成
	さぼる	Bだけ頑張り，課題達成	両者さぼり，課題未達成

表2-2　Aさん（Bさん）にとってのハッピー度合いの順序

第1位　B（A）だけ頑張り，課題達成
第2位　2人で協力，課題達成
第3位　A（B）だけ頑張り，課題達成
第4位　両者さぼり，課題未達成

い）と，両者ともに考えているものとする。ここで，行動の選択肢は，AとB
どちらにとっても「頑張る」か「さぼる」かという二択であるとする。ここで
選択肢と帰結は，表2-1のような2×2のマトリクスで整理できる。

　ここで，AとBにとっては，どのような結末に至ったら，一番しあわせで
あろうか（もしくは一番不幸であろうか）。そのハッピー度合いの順序づけを表2
-2のように仮定する。

　表2-2に示されるとおり，Aにとって一番ハッピー（第1位）なのは，自
分だけがさぼり，相手が頑張ってくれるという「Bだけ頑張り，課題達成」で
ある。つまり，課題が達成できて，なおかつ自分は楽ができるという状況を
Aはもっとも好むとする（皆さんならどうですか？）。また最悪（第4位）なのは，
どちらもさぼってしまい「両者さぼり，課題未達成」という状況に陥ることで
ある。課題未達成だけは，何があっても避けたいと考えているという仮定であ
る。あとは，課題達成するとしても，自分だけが頑張って相手がさぼる「A
だけ頑張り，課題達成」（第3位）よりは，2人とも頑張る（「2人で協力，課題
達成」）ほうがよりハッピーである（第2位）とする。また，Bにとってのハッ
ピー度合いの順序も，Aと同様の発想であるとする。なお，あとの分析のた
めに，上記のようなハッピー度合いの順位に，以下のような「ハッピー得点」
をつけておく（これが「利得」となる）。

表2-3　利得表（2人にとってのハッピー度合いの得点表）

		Bさん	
		頑張る	さぼる
Aさん	頑張る	3, 3 （2人で協力，課題達成）	2, 4 （Aだけ頑張り，課題達成）
	さぼる	4, 2 （Bだけ頑張り，課題達成）	1, 1 （両者さぼり，課題未達成）

表2-4　Aにとっての最適反応

パターン1：Bが「頑張る」を選択

		B	
		頑張る	さぼる
A	頑張る	3,	2,
	さぼる	4,	1,

パターン2：Bが「さぼる」を選択

		B	
		頑張る	さぼる
A	頑張る	3,	2,
	さぼる	4,	1,

第1位：4点，第2位：3点，第3位：2点，第4位：1点

　そしてこの「ハッピー得点」をもとに，先の表2-1に，両者の利得を記した「利得表」（2人にとってのハッピー度合いの得点表）を作ると，表2-3のようになる。なお，各項目の2つの数字のうち，左側をAの利得，右側をBの利得とする。

5　ナッシュ均衡

　上記のような状況で，各プレイヤーはどのような行動を取るだろうか。ここでポイントとなるのは，「A（B）にとって最適な戦略（もっとも高いハッピー得点を得られる選択肢）は，相手の行動によって変わる」，ということである。このことを考えるために，まずAの意思決定に焦点を絞る（表2-4）。
　表2-4に示されるとおり，Aにとって最適な（もっともハッピー得点が高くなる）戦略は，Bが頑張るかどうかによって変わる。まず，Bが「頑張る」を選

表 2-5　B にとっての最適反応

パターン1：Aが「頑張る」を選択

		B	
		頑張る	さぼる
A	頑張る	, 3	, 4
	さぼる	, 2	, 1

パターン2：Aが「さぼる」を選択

		B	
		頑張る	さぼる
A	頑張る	, 3	, 4
	さぼる	, 2	, 1

表 2-6　両者の最適反応の組み合わせ

		B	
		頑張る	さぼる
A	頑張る	3, 3	2, 4
	さぼる	4, 2	1, 1

択することが予想されるなら（パターン1：表2-4左側の太枠内），Aは「さぼる」を選択したほうがよりハッピー（利得＝4点）になる。他方，Bが「さぼる」を選択することが予想されるなら（パターン2：表2-4右側の太枠内），Aは「頑張る」を選択したほうがよりハッピー（利得＝2点）になる（なお，ここで，このような相手の戦略に応じた最適な戦略のことを「**最適反応**」とよぶことにしよう）。

　Aと同じことは，Bにもいえる（表2-5）。すなわちまず，Aが「頑張る」を選択することが予想されるなら（パターン1：表2-5上側の太枠内），Bは「さぼる」を選択したほうがよりハッピー（利得＝4点）になる。他方，Aが「さぼる」を選択することが予想されるなら（パターン2：表2-5下側の太枠内），Bは「頑張る」を選択したほうがよりハッピー（利得＝2点）になる。

　以上のように，AとB両者にとっての最適反応は，相手の出方によって変わることから，このような状況では，「相手の戦略をどのように先読みするか」が極めて重要なカギとなることが理解できる。では，このような相互作用の「結末」を予想すると，どのようになるだろうか。先の表2-3の利得表に，両者の「最適反応」を四角い枠で記すと，表2-6のようになる。

　端的にいって，二人の相互作用の「結末」は，お互いが最適な読み合いをした結果として行き着く先，つまり，互いに最適反応となる状態であるといえる。

> ナッシュ均衡：互いに最適戦略となる状態
> ⇨自分1人だけ行動を変えても得をしない（ことが全てのプレイヤーにおいて成
> 　立している）状態

図2-3　ナッシュ均衡

ここで表2-6に示されるとおり，最適反応を示す四角い枠が相互に重なる（互いに最適反応となる）のは，マトリクスの太枠，つまり，左下の「A：『さぼる』，B：『頑張る』」と，右上の「A：『頑張る』，B：『さぼる』」である。これらの「結末」においては，AもBも，どちらも自分1人だけ行動を変えても得をしないということに注意しよう（たとえば，左下の状況（A：「さぼる」，B：「頑張る」）において，Aが「さぼる」から「頑張る」に自分だけ戦略を変えると，利得が3点に下がってしまうし，またBも同様に，「頑張る」から「さぼる」に自分だけ戦略を変えても利得が1点に下がってしまう）。「自分だけ行動を変えても得をしない」ということは，裏返せば，「自分だけ行動を変える意味がない（から行動を変えようとはしない）」ということである。つまり，お互いが先読みを続けていくと，このような「自分だけ行動を変えても得をしない」状態に行き着くことになる。そして，このような相互作用の「結末」のことを，**ナッシュ均衡**（Nash equilibrium）という（図2-3）。

　なお，均衡というと，何か「よい状態」と思い込んでしまいがちであるが，決してそうではない。たとえば，表2-6のとおり，先のゲームにおいては，2つのナッシュ均衡が存在し（複数均衡），いずれの場合でも，AかBどちらかだけが頑張り，課題が達成される，つまり，どちらかが相手の頑張りにタダ乗り（フリーライド）し，なまけるということが予想される。逆にいえば，両者が協力し合って課題が達成されるということは，この設定からは予想されないのである。これは，ゼミの指導教授からすると，（課題が達成されること自体は嬉しいが，しかし，AとBが協力してくれないという意味で）少し残念な結果である。このように，**ナッシュ均衡は，必ずしも「ハッピーな結末」とは限らない**。もちろん各プレイヤーは，自分自身のハッピーを追求して（そして相手の行動をできるだけ合理的に先読みして）意思決定するのであるが，それが全体としてし

───── **Column ⑤**　1人の時の意思決定とどう違うのか？ ─────

　ここでの説明をまとめると，戦略的相互作用における意思決定において，各プレイヤーは，自分の利得状況の把握に加えて，相手の行動の予測をおこなっていると考えることができる。

　　　戦略的相互作用における意思決定
　　　　……［自分の利得状況の把握］＋［相手の行動の予測］

　ここで，次のような疑問が生じる。このような戦略的相互作用における意思決定は，1人の時の意思決定とどう違うのだろうか。たとえば，相手がいないような1人意思決定問題（たとえば，天気が不確実な状況で，傘を持って出かけるかどうかの意思決定）でも，自分の利得状況の把握に加えて，環境などの不確実性の予測（雨が降るか，晴れるかなど）をおこなうはずである。

　　　1人意思決定問題……［自分の利得状況の把握］＋［環境の予測］

　ここでポイントとなるのは，「『環境』の予測」と「『相手の行動』の予測」とでは，決定的な違いがあるということである。まず，天候などの『環境』は，ある一定の確率でさまざまな出方をするものの，自分の行動によって影響されることはない。たとえば，晴れ，雨，曇などの天気は，色々変わりうるものの，しかし，当然のことながら自分の「傘を持っていく」という行動によって変わるものではない（雨男・雨女の人は，もしかすると「出かけると必ず雨が降る」と感じることもあるかもしれないが，あくまでそれは偶然である）。なお，これは情報の経済学では，「環境的不確実性」（environment uncertainty）とよばれ，まさに自然の状態（state of nature）に関する不確実性である。

　それに対して，戦略的相互作用における意思決定では，『相手の行動』は，自分の行動や意思決定によって影響を受け，変化しうる。なぜなら，相手も自分と同じように，「相手の先読み」をしているからである。つまり，戦略的相互作用においては，自分の行動の変化が『相手の行動』に与える影響を意思決定に織り込む必要があり，この点が，1人意思決定問題と決定的に異なるといえる。なお，このような人対人の間で生じる不確実性は，「通信的不確実性」（communicational uncertainty）とよばれる。

　このように，ゲーム理論においては，相手の行動をどのように捉えるかということが決定的に重要になるといえる。

あわせな結果をもたらすかどうかは別問題なのである。その意味で、**ナッシュ均衡は「映画の結末」予想をするツールである**、とたとえることができるかもしれない。映画にはハッピーなエンディングのものもあれば、アンハッピーなエンディングのものもある（たとえば、一昔前のフランス映画は、バッドエンディングのものが多い。筆者は学生時代、深夜にテレビでフランス映画の再放送を観て、絶望感の中で朝を迎えることがしばしばあった）。よって、比喩的にいえば、ゲーム理論は、ある設定の映画が、どんなエンディングを迎えるのかを予想するものであると捉えることができよう。

6　ナッシュ均衡がわかると何がわかるのか？

　上記のようなナッシュ均衡の考え方がわかると、一体何がわかるのか考えてみよう。たとえば上記のゲームであれば、「映画の結末」は、どちらかが相手の頑張りに「フリーライド」し、なまけるということであったが、このような予想ができれば、その対処も考えることができるかもしれない。たとえば、なまけた学生に対して何かペナルティを課すことができれば（そのような仕組みをゼミに新たに導入すれば）、ＡとＢの行動は変わり、均衡も変わるかもしれない（そして、そのためにはゼミの指導教授が、学生の頑張り度合いを知ることができる仕組みが別途必要となる）。つまり、ナッシュ均衡により、先の予想ができることで、それへの対処が可能となるし、またどのような仕組みがあれば、未来を変えることができるのかを事前に知ることができるというのが、ゲーム理論の重要な役割といえよう。

　ゲーム理論は、制度選択や制度比較の分析をするのに強い力を発揮する。たとえば、複数の経済システムが存在しこれらを比較するとして、結局何がその決定的な違いなのかを比較するのは困難な場合が多い。しかしながら、ゲーム理論を用いて、問題のエッセンスを捉えることで、その決定的な違いが見えてくるし、またそのことによりそれぞれのシステムがもたらす経済的帰結の予測も可能となる。この意味で、ゲーム理論は、ある社会の仕組みを抽象化し、か

つ多くの選択肢の中の1つとして捉えることで，制度比較をうまくなしうるという特徴を有している。もちろん，単に将来予想をするだけでなく，経済システムにどのような要素を加えれば（もしくは，差し引けば），またプレイヤーのインセンティブ設計をどのように変更すれば，均衡が変わるかという分析をすることで，より望ましい社会的仕組みを構築する処方箋作りをすることもできる。この点，ゲーム理論は，**予測し**（predict），**説明し**（explain），そして**処方する**（prescribe）ために有用なツールであるといえる。

7　ゲーム理論を補完する経済実験——人間心理と均衡

　上述のように，ゲーム理論は，現実社会を分析するうえで強力な力を持っている。しかしながら，ここで，「ゲーム理論の予想どおり，人々の行動はナッシュ均衡に行き着くのだろうか」，また「ナッシュ均衡が複数ある場合，実際にはどれに行き着くか」という素朴な疑問が生じる。すなわち，ゲーム理論の均衡は，あくまでさまざまな仮定や抽象化の中から導かれる1つの仮説に過ぎず，これが現実にも成り立つか（先のゲームでいえば，本当にどちらかだけが頑張るという帰結になるのか）を別途検証する必要があるし，また，複数均衡の場合にも，結局はどちらの均衡に落ち着くのか（先のゲームでいえば，AとBのどちらがさぼるか）検証することで，それへの適切な対処が可能となるだろう。

　そしてこれらの疑問を明らかにするのが，データ分析，特に経済実験である。すなわち，実験では，実験者がある程度自由に実験条件等を構築できるので，モデルに忠実な設定を構築し，また検証すべき変数も実験の設定にうまく組み込むことで，必要なデータを直接的に採取することも容易である。つまり，ゲーム理論のモデルを直接的に検証することが可能となる。更に，実験は，他の分析と異なり，実際の制度や仕組みが成立する前にも，当該仕組みに関するパフォーマンスを測定することができるという強みも有する。また，プレイヤーの選択プロセスや行動心理についてのデータを直接的に採ることが比較的容易であるため，制度の帰結と人間行動・心理との関係を直接的に分析することも

・プレイヤー：囚人2人（AとB）
・それぞれの戦略：「黙秘」「自白」。
・それぞれの利得：刑期の長さ（刑期は短いほどよい……刑期の長さをマイナスで表現）。
・2人の囚人が別々に尋問を受けている。ある犯罪に2人とも加担したことはわかっているが，その詳細は完全には明らかになっていない。
・両者が「黙秘」すれば，（詳細が明らかにならず）どちらも禁錮1年で済む。
・両者が「自白」すると，凶悪な犯行の詳細がばれてしまい両者とも禁錮3年になる。
・一方が「黙秘」しているのに，もう一方が「自白」すると，自白した囚人は無罪になり，黙秘した囚人は（悪質であると判定され）禁錮5年になる。

図2-4　囚人のジレンマゲームの設定

表2-7　囚人のジレンマの利得表と最適反応

		B 黙　秘	B 自　白
A	黙　秘	$-1, -1$	$-5, \boxed{0}$
A	自　白	$\boxed{0}, -5$	$\boxed{-3}, \boxed{-3}$

可能となる。

　このように，実験は，ゲーム理論による予測と説明，そして処方という強みを，実証サイドから強力にサポートする分析ツールである。特に，あとの章との関係でいえば，実験の持つ事前検証性と人間心理に踏み込んだ分析可能性は，会計研究においても大きな強みとなる。

8　囚人のジレンマ実験

　本節では，経済実験の具体的なイメージを持つことができるように，有名な「囚人のジレンマ」ゲームの実験を考えてみよう。囚人のジレンマの設定は図2-4，利得表は表2-7のようになる（なお，各プレイヤーにとって「最適反応」となる時の利得を四角で囲んでいる）。

　図2-4に示される設定から，囚人達にとっては，両者が自白するよりも，お互い黙秘したほうがよいことがわかる。しかし，相手に自白されてしまうと（自分だけが黙秘した場合），刑期5年という最悪の事態に陥ってしまう。「でき

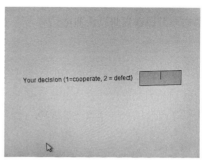

図2-5　経済実験をおこなうコンピュータ・ルーム（例：同志社大学）
出典：筆者撮影。

図2-6　経済実験における実際のコンピュータ画面（実験ソフトウェア z-tree の画面）
出典：筆者撮影。

れば黙秘していたいが，相手の行動を考えると自白せざるを得ない」というプレイヤーの葛藤がみてとれるが，それを踏まえたうえで，表2-7の利得表でナッシュ均衡を考えてみよう。まずAにとっての最適反応は，表2-7の利得数値を囲む四角で示されるとおり，「Bが『黙秘』なら『自白』，Bが『自白』なら『自白』」となる。Bも同様に考えて，このゲームのナッシュ均衡（映画の結末予想）は，「A・Bともに『自白』」となる（表2-7右下の太枠の項目）。つまり，全体としてお互いが黙秘し合えればよかったものの，映画の結末予想としては，最悪の「双方自白」というバッドエンディングに陥ってしまうのである。これが「ジレンマ」といわれる所以である。なお，この囚人のジレンマ問題のエッセンスは，地球環境問題や軍事問題（軍拡・軍縮競争）から，経営問題（価格競争）まで広い範囲で応用可能である。

　では，このような囚人のジレンマゲームを実際におこなってみると，どんな結果が得られるであろうか。

　経済実験では，上記のような状況をコンピュータ上に仮想的に作り上げ，被験者にその状況下で実際に意思決定をしてもらい，そのデータを分析する（図2-5，2-6参照）。なお，実際の実験では，「囚人」「黙秘」「自白」などという（やや偏った？）用語は用いず，できるだけ中立的な用語で説明をおこなうことで，被験者の事前の知識や信念が結果に影響しないように配慮することが必要

──── **Column ⑥** 現実を抽象化して議論する重要性 ────

「あたかもモデルを解いているかのように振る舞う。」

　人間行動を理解するうえでは，この一言が決定的に重要である。すなわち，ここまでの話を読んだうえで，「けど，こういうモデルって，結局『あとづけ』なのでは？」「実際の人間は，こんなことを考えて行動している訳ではないような……」「こんなことを考えて何の意味があるのだろう？」などと違和感を感じた人もいるかも知れない。

　確かに，日常生活における他者との相互作用において，ここで説明したように利得や最適行動を計算している人はほとんどいないだろう。むしろ，経験やその時の感覚に従い行動したり判断したりする人のほうが多いのではないだろうか。つまり，実際の人間は，必ずしも経済学のモデルを解いて行動しているわけではないのである。しかしそれでも，モデルを想定して議論すること（人間があたかもモデルを解いているかのように振る舞うと想定して議論すること）の重要性は，以下のように2つある（以下の議論のエッセンスは，神取 2014：第2章第2節を参照）。

　第1は，モデルを作ることで，事象を理解し説明することが可能となる点にある。たとえば，人間工学の世界で，人間の2足歩行を制御式でモデル化したとしよう。しかしながら，実際の人間は，このモデルを解きながら歩いているわけではない。しかし，これをモデル化し考えることで（つまり，人間があたかもモデルを解いているかのように振る舞うと想定することで），たとえばサルの2足歩行とパターンは同じなのかどうか，比較することができるだろうし，またそのような比較をすることで，人間行動の特徴を明らかにし，人間をよりよく理解することが可能となるだろう。

　第2は，未来への応用や予測が可能となる点である。これは第1の点の延長だが，たとえば，人間の2足歩行のモデルを考えると，人間にとって最適な環境は一体どういうものか（たとえばバリアフリーの建物や人工物を作るにはどうしたらよいか）という議論もできるし，さらには将来的に人間型ロボットを作ろうとした際に2足歩行させるにはどうしたらよいか，という応用も効く。

　このように，実際には，人間はモデルを解いて行動しているわけではないが，「あたかもモデルを解いているかのように振る舞う」と仮定して議論することは，現実の理解や将来の予測につながる。これはまさに，本書が目指す「新しい時代の教養」にふさわしい重要なポイントということができよう。

である。

　囚人のジレンマに関するこれまでの多くの実験結果からすると，ナッシュ均衡どおり「自白，自白」となるとする（理論の予想を支持する）研究もあれば，1回限りのゲームであっても，均衡の予想に反し，お互い「黙秘，黙秘」となるという研究もある。また，囚人のジレンマゲームは，条件を変えてさまざまな実験がおこなわれており，たとえば，リリング（Rilling）らの実験によれば，「相手がコンピュータ」といわれてゲームをプレイする場合と，「相手が人間」といわれてゲームをプレイする場合とでは，後者のほうが協力率（「黙秘」を取る割合）がより高まるという（Rilling, Gutman, Zeh, Pagnoni, Berns, and Kilts 2002：395-405）。ゲーム理論では，「相手の行動の先読み」が重要であると先に述べたが，相手がコンピュータであることを前提に意思決定する（合理的に必ず「自白」するだろうと想定）か，人間であることを前提に意思決定する（合理的には「自白」だろうが，もしかしたら「黙秘」もありうるかもしれないと想定）かは，まさにこの点に影響するところである。

　このように，ごくシンプルな囚人のジレンマにおいても，ナッシュ均衡から逸脱する状況が経済実験で観察されている。それではなぜ，このようなことが起こるのであろうか。あとの章では，囚人のジレンマ以外にもさまざまなゲームが登場する。そこでも均衡と実際の人間行動との関係が重要になるため，この疑問は，あとの章で徐々に明らかにしていくことにしよう。

読書案内

神取道宏『ミクロ経済学の力』日本評論社，2014年。
＊本章で述べたように，現実社会を理解するために，経済学の知見は大きく役に立つ。**Column ⑥**でもみた「モデルで考えることの重要性」を身につけるために最適な1冊。

瀧澤弘和『現代経済学──ゲーム理論・行動経済学・制度論』中公新書，2018年。
＊ゲーム理論や経済実験は，制度分析とも親和性が高く，制度をゲームの均衡と

して捉えたうえで，その制度がどのように成立し，また変化するかを実験で確かめるような研究もある。本書は，ゲーム理論と経済実験を制度分析（制度論）と絡めて分析をおこなっており，会計制度を考えるうえでも参考になる。

川越敏司『行動ゲーム理論入門』NTT 出版，2010年。
＊本章でみたゲーム理論と経済実験の組み合わせは「行動ゲーム理論」ともよばれ，現在注目を集めている。その入門的なところから研究の最先端までを，1冊で垣間見ることのできる良書。

伊藤公一朗『データ分析の力──因果関係に迫る思考法』光文社新書，2017年。
＊本章のポイントの 1 つは，理論と実証とが相互に補いながら，現実の社会現象を説明することが重要であるということである。その点について，特に実証面から，因果関係を検証することの重要性に触れたい方にオススメの 1 冊。新書で読みやすい。

佐藤郁哉『社会調査の考え方』（上）（下），東京大学出版会，2015年。
＊研究において重要な「筋のいい調査」の条件を語るテキスト。社会を理解するには，適切な社会調査の設計が必要不可欠だが，その考え方を感じることができる。モデル分析や実験だけでなく，社会を知るための方法論としてどのようなものがあるのかに興味がある方へ。

浅古泰史『ゲーム理論で考える政治学──フォーマルモデル入門』有斐閣，2018年。
＊本章では，ゲーム理論の応用可能性の高さに触れたが，この点に興味がある方へオススメの 1 冊。政治学のさまざまな現象をゲーム理論で捉えることで，その本質に迫ることができる。難しい内容を丁寧にかつわかりやすく記述しており，読みやすい。もし仮に政治学自体に興味がなくても，本書を眺めることで，現実の問題を抽象化し，エッセンスを抽出するための「コツ」がつかめるようになる。会計学を考えるうえでも，大いに参考になる。

参考文献

Camerer, C. F., 2003, *Behavioral Game Theory*, Princeton University Press.

石川純治『情報評価の基礎理論』中央経済社，1988年。

梶井厚志・松井彰彦『ミクロ経済学――戦略的アプローチ』日本評論社，2000年。

神取道宏『ミクロ経済学の力』日本評論社，2014年。

Rilling, J. K., D. A. Gutman, T. R. Zeh, G. Pagnoni, G. S. Berns, and C. D. Kilts, 2002, "A neural basis for social cooperation," *Neuron*, 35(2): 395-405.

補　論　会計は利益を計算する──5分でわかる会計基礎

　序章および第1章の中には,「利益」という言葉が何度も出てきたが, ここで (会計を学んだことのない初学者のために), 補論として, 企業が作成する会計情報についてごく簡単にまとめておこう (本書は,「はしがき」で述べたスタンスから, いわゆる「スタンダードな会計」の説明はできるだけ控えめにしているが, 本書を読むうえで, 最低限知っておくべきことだけを簡潔に整理しておく)。

　企業は, 株主総会で決算書を公開し「会社の1年間の儲け」を報告する (企業が情報開示をすることの意味については第5章で深掘りする)。この「儲け」が, 株主への配当の原資となり, また次年度以降の活動の原資となるのだが, これを会計では「利益 (earnings)」とよぶ。

　ここで企業は, いくつかの**決算書** (これを専門用語で**財務諸表** (financial statements) という) を作成するが, 特に重要となるのは2つある。

　まず第1は, **損益計算書** (income statement) である。この計算書において利益が計算される。具体的には, 1年間の企業の売上 (商品やサービスを提供して得られた収益) からコスト (それらを提供するための原価や人件費, 固定費などの費用) を差し引いて, 利益が計算される。たとえば, 日本が世界に誇るグローバル企業の1つであるトヨタ自動車株式会社グループの損益計算書の大枠をまとめて示すと表2-8のようになる (なお, 企業の決算書は, 大規模な企業であれば, ウェブサイトに掲載されていることがほとんどであり, トヨタ自動車株式会社グループの損益計算書も, ウェブサイトで調べることができる)。

　表2-8をみると, トヨタ自動車株式会社グループ全体の売上高は, 約29兆円で, そこからさまざまなコストを差し引いたりして計算していくと (表を上から下へおりていくイメージ), 最終的な利益 (「当期純利益」) は約2.4兆円となっていることがわかる。企業の経営者にとってみれば, この利益がプラスになる

表2-8　トヨタ自動車㈱グループの損益計算書（2017年4月～2018年3月）

（単位：百万円）

売上高	29,379,510
売上原価・販売費等	26,979,648
営業利益	2,399,862
その他収益・費用等	220,567
税金等調整前利益	2,620,429
法人税等	126,446
当期純利益	2,493,983

（単位：百万円）

資　産 合計　50,308,249	負　債 合計　30,386,173
	純資産 合計　19,922,076

図2-7　トヨタ自動車㈱グループの貸借対照表（2018年3月末）

（これを「黒字」という）か，マイナスになる（これを「赤字」という）かが大きな分かれ目になるのであるが（トヨタ自動車株式会社グループのこの年度の利益は「黒字」である），この利益の意味については，「第Ⅲ部　会計利益と人間心理」（第6・7章）において深掘りすることにしよう。

　また第2は，**貸借対照表**（balance sheet）である。この計算書は，企業の財産や借り入れ，株主からの投資額などを一覧表にしたものであり，企業のいわば体力（将来性や安全性など）を表すものである。たとえば，トヨタ自動車株式会社グループの貸借対照表の大枠をまとめて示すと図2-7のようになる。

　図2-7に示されるとおり，この表は，左と右に分かれており，両者がバランスする（「左と右の合計が一致すること」を，業界用語で「バランスする」という）のが大きな特徴なのであるが，この意味については，「第4章　集約する社会」で深掘りすることにしよう。

　そしてこれらの決算書を作成するために，企業は**複式簿記**（bookkeeping）という記録システムを用いて，企業の経済活動を情報に変換する。この複式簿記は，**仕訳**（journal）という独特の方法で情報を整理集約していくのが特徴であ

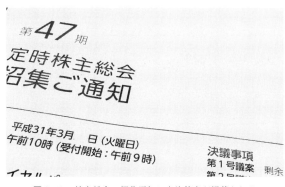

図 2 - 8　株主総会の招集通知にも決算書が掲載される
出典：筆者撮影。

るが，記録の意味や，この独特のシステムの意義については，「第 3 章　記録する社会」および「第 4 章　集約する社会」で考えることにしよう。

　なお，上場企業などが作成する財務諸表としては，上記 2 つのほか，**キャッシュ・フロー計算書**（利益では捉えきれない資金の流れを追う計算書）や**株主資本等変動計算書**（貸借対照表のうち，特に株主からの出資等の明細を示す計算書）などが挙げられる。

　また，株式会社においては，これらの決算書を**株主総会**（図 2 - 8 ）において開示し，株主に企業の財政状態や経営成績を説明する。

　これ以上の詳細は，（いわゆる「スタンダードな会計」の説明となってしまうので）本書では詳しく取り上げないが，もしこれらについても深めてみたいと感じた方は，本書と並行して（もしくは，本書を無事に読み切ったあとに），たとえば，以下の読書案内で示した文献を参照することをオススメしたい。

読書案内

村上裕太郎『なぜ，会計嫌いのあいつが会社の数字に強くなった？——図だけでわかる財務 3 表』東洋経済新報社，2016年。
＊簿記や会計の仕組みはあまりわからないが，とりあえず業界や企業ごとに決算書にどんな特徴があるのかを学習したい方，決算書を読めるようになりたい方

に，特にオススメ。本書で登場する比例財務諸表の考え方は，現実の企業を理解するうえで興味深い。会計の入門書は世の中に溢れているが，その中でも本書は，文章も対話式で丁寧に説明がなされていて読みやすいし，さまざまなところで読者の理解を促す工夫が施されているなど，キラリと光る「良書」である。

太田康広『ビジネススクールで教える経営分析』日経文庫，2018年。
＊ビジネススクールの教授が，財務諸表を用いた経営分析の仕方をわかりやすくレクチャー。文庫本なので読みやすい。ここでも，比例財務諸表の考え方は，経営分析をするうえでも役立つことがわかる。『なぜ，会計嫌いのあいつが会社の数字に強くなった？』を読んだあとに，より踏み込んで学習したい方へオススメ。

桜井久勝『財務会計講義』第20版，中央経済社，2019年。
伊藤邦雄『新・現代会計入門』第3版，日本経済新聞出版社，2018年。
＊会計学の定番テキストといえるのがこの2冊。ただし，どちらも入門的な会計を一通り勉強したことのある方向けの（どちらかというと）中級・上級の内容になっている。『財務会計講義』は，会計基準や会計処理の中身に踏み込んだものになっているのに対して，『新・現代会計入門』は，証券市場や現実のビジネス，企業行動を踏まえたものになっている。読者の興味関心にあわせて使い分けてほしい。

第Ⅱ部
会計の原初形態

第Ⅱ部では，会計の骨格というべきプロトタイプ（原初形態）を描写する。会計の原初形態を語るうえで重要なのは，「記録」→「複式簿記」→「開示」という流れである。すなわち，人類の経済活動のはじまりから，記録をつけることの萌芽がみられ，さらに，他者からの資金調達がみられるようになると，複式簿記へとその形態が変化していく。そしてさらに，記録が他人に説明するための道具として，証拠性や公開性を帯びてくると，その開示の仕方が重要となる。

第Ⅱ部を語るにあたっての概観図—— Prototype of accounting

・経済活動のはじまり→記録をつける【第3章】
　　←【物語性・社会性】過去を振り返り，未来を見据えることができる
・規模拡大：他者からの資金調達（finance）→複式簿記により記録する【第4章】
　　←【立体性】どのようにお金を儲けるか（儲けたか）だけでなく，どこから
　　　　　　　　資金調達したか（どう返すか）も含め立体的に記録する必要
・記録したものを開示する→記録の意味の変化【第5章】
　　←【証拠性・公開性】外部資金調達により，記録が自己目的性（自分だけで
　　　利用するための記録）だけでなく，証拠性や公開性（他人に説明するため
　　　の記録）を帯びる

本書全体の中での位置づけ

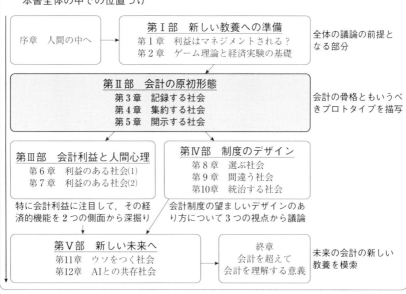

第3章

記録する社会
──記録は記憶を補完する──

まず考えてみよう

　企業や投資家にとって，「記録する」ということはどんな意味を持っているのだろうか？

アブストラクト

　本章では，記録の意味について学ぶ。会計の中でもっとも重要な機能は記録と開示であるが，そもそもなぜ企業は記録をつける必要があるのだろうか。また記録をつけることで何かよいことはあるのだろうか。

　本章では，「記録のある社会」と「記録のない社会」とを実験室実験で比較したディックホート（Dickhaut）らの研究をもとにして，記録という行為が経済社会の発展に必要不可欠であったこと，そしてその背後には「記録が記憶を補完する」という重要な役割が横たわっていることを確認する。そして最後に，それを踏まえたうえで記録が有する3つのはたらきを示す。

キーワード：記録，記憶，信頼ゲーム

1　記録をつけることの意味

　本章では，記録（recordkeeping）の意味について学ぶ。会計の中でもっとも重要な機能は記録と開示であるが，そもそもなぜ企業は記録をつける必要があるのだろうか。また記録をつけることで何かよいことはあるのだろうか。

　そこでまず本章では，「記録のある社会」と「記録のない社会」とを実験室実験で比較したディックホート（Dickhaut）らの研究に注目することにする。

　ディックホートらの研究グループは，脳は会計制度の起源であると述べ，脳活動と会計行為との関係を論じている（Dickhaut 2009：1703-1712）。そこでは，以下に述べる信頼ゲーム（trust game）実験を取り上げ，記録の重要性を論じている。以下，彼らの仮説と実験結果を概観することにしよう。

　会計の基本は記録にあるが，この点に着目して，彼らは，経済社会の中で，一体なぜ記録行為が発生したのか，以下のような大胆な仮説を立てている。すなわち，文明の基本は，信頼（trust）や互恵性（reciprocity）による協調行動をおこなう能力にあるが，これらの信頼や互恵性に関する情報は，通常は人間の脳へ記憶（memory）されていく。たとえば，この取引相手なら信頼できるとか，この相手には裏切られたから，信頼できないとかいった情報は，脳の記憶を司る部位へ次々と記録されていき，次の取引時には，そのような記憶された情報を再起することで，取引をするかどうか，またどのような取引をするか，意思決定をおこなうことになる。そしてプリミティブな経済のもとでは，取引相手や回数も少ないため，そのような情報の記録・保存は，脳の記憶だけでこと足りていた。

　しかしながら，経済が発展・複雑化してくると，それでは不十分になる。すなわち，経済が発展・複雑化してくると，取引相手が複数となり，また取引自体も複雑となるが，脳の記憶には限界があるため，取引相手の信頼に関する情報は，脳の記憶だけでは不十分となってしまう。そこで登場するのが，「記録」という行為である。つまり，取引履歴を「脳の外」へ随時記録していくことに

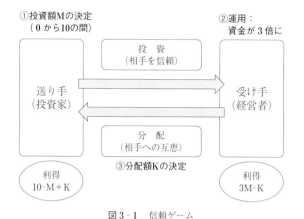

①投資額Mの決定
（0から10の間）

②運用：
資金が3倍に

投 資
（相手を信頼）

送り手
（投資家）

受け手
（経営者）

分 配
（相手への互恵）

③分配額Kの決定

利得
10-M＋K

利得
3M-K

図3-1　信頼ゲーム

より，人間は，経済発展の中でも，安心して取引をおこなうことができ，また
そのことがさらなる経済の発展をよぶ，という正のフィードバック・ループが
でき上がることになる。以上のように考えると，**会計は，複雑化していく経済
環境の帰結であり，人間の脳**（特に，記憶を司る部位）**を補完するものである**と
いうのが，彼らの仮説である。

2　信頼ゲーム

　そして，彼らは，このような記録の役割と経済の複雑性との関係に係る仮説
を，繰り返しのある「信頼ゲーム」を用いた実験により検証している。**信頼ゲ
ーム**とは，投資家（送り手）と経営者（受け手）とのお金の投資・運用・分配を
簡略化したゲームである（図3-1参照）。

　ここで信頼ゲームの設定と帰結をゲーム理論で考えてみよう。そもそも投資
家と経営者との間のお金のやり取りに，なぜ「信頼ゲーム」という（少し仰々
しい）名前がついているのだろうか。

　そのことを考えるために，まず，このゲームのルールを確認しよう。このゲ
ームは，2つのステップからなる。まず第1ステップは，投資家の意思決定で
あり，投資家が投資額（「M」とする）を決める。たとえば，投資家の手元資金

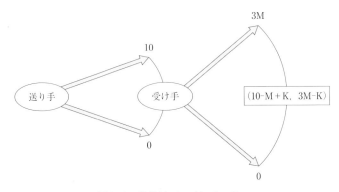

図3-2　信頼ゲームのゲームツリー

が10ドルであれば，この10ドルの中からいくら経営者に投資するかを決める（たとえば4ドルを投資するとしよう）。次の第2ステップは，経営者の意思決定であり，投資された資金が経営活動により増えたとして，それをどう投資家に分配するかという問題である。たとえば，投資家が投資した4ドルが経営者の手によって3倍になったとしたら（4ドル×3＝12ドル），経営者が投資家に12ドルのうちいくら返戻するか（いくら自分の手元に残すか）を意思決定する（返戻額を「K」とする）。たとえば，経営者が，5ドルを投資家に返戻したとしたら，経営者の手元には，12ドルから5ドルを差し引いた7ドルが残る。また投資家の手元には，当初資金10ドルから投資額4を差し引いて，返戻額5を加算した11ドルが残る。なお，ゲームは1回で終わるものとし，企業の内部留保として繰り越される分はないものとする。信頼ゲームの意思決定の流れをまとめると，図3-2のようになる（なお，意思決定に順番のあるゲームにおいて，意思決定の流れを図示したものを「ゲームツリー」（game tree）という）。

　このゲームでは，第1段階において，投資家は，経営者に渡す金額を自由に決定でき，続く第2段階において，経営者は，投資家に返す金額を自由に決定できる。第1段階で投資家が選択する金額は，第2段階での経営者の返戻額への予想に応じて変わり，投資家が経営者のことを信頼すればするほど，投資家が経営者に渡す金額は大きくなると考えられる。それゆえ，投資額は，相手へ

意思決定に順番があるゲーム（逐次手番ゲーム）の解き方
⇩
バックワード・インダクション（「一番最後のプレイヤーはどう行動するのが合理的か」という
ところからはじめて，逆戻しに最初のプレイヤーの行動にさかのぼっていく手法）

図3-3　逐次手番ゲームの解き方

の信頼度を表す指標として解釈でき，それがこのゲームの名前の由来となっている。その一方で，経営者が投資家に返戻する金額は，相手の信頼に対してどの程度報いたのかという互恵性を表す指標となる。

3　信頼ゲームの「均衡」

　以上の設定のもとで，投資家はいくらを投資して，また経営者はいくら返戻するのが均衡となるか，ゲーム理論で考えてみよう。このように意思決定に順番があるゲーム（**逐次手番ゲーム**）は，一番最後のプレイヤーの意思決定から逆戻しに最初のプレイヤーにさかのぼっていくという「バックワード・インダクション」という手法により解いていくことになる（図3-3）。

　まず第2段階での経営者の意思決定について考えると，経営者が自己利得のみを最大化するのであれば，正の金額を返す必然性はない。それゆえ，第1段階での投資家の行動にかかわらず，第2段階では，経営者は，「返戻額＝0」とするのが最適反応となる。

　この点を踏まえて最初のプレイヤーの行動にさかのぼってみると，第1段階で投資家は「投資額＝0」とするべきである。つまり投資家がいくら投資しようが，経営者は返戻額をゼロとすることが予想されるため，投資家にとっては経営者には何も渡さないのが最適反応となる。

　このように，ゲームの均衡は，「投資家は，投資額＝0，経営者は，返戻額＝0」，つまり，**投資家は経営者を信頼せず，経営者は投資家に報いない**（厳密にいえば，経営者が投資家に報いないことが予想されるから，投資家は経営者を信頼しない）ということになる。またこの場合の均衡を，（一番最後のブロック（これを

53

```
投資家：投資しない（投資額＝0）
経営者：返戻しない（返戻額＝0）
```

図3-4 信頼ゲームのサブゲーム完全均衡

図3-5 信頼ゲームの理論予測と実験結果

「サブゲーム」という）からさかのぼって解いた均衡という意味で）**サブゲーム完全均衡**という（図3-4）。

このように，ゲーム理論の均衡は，「投資家は投資しない，経営者は返戻しない」という，少し残念な結果となる。つまり，経営者にとって，手元資金を最大化しようと思えば，投資家への返戻額をゼロとするのが合理的である。逆にもし，それでも経営者が返戻しようとするなら，その返戻額は，「投資家が投資してくれたことに報いよう」という互恵性の代理変数として捉えることができる。他方，そのような経営者心理を先読みする投資家にとっては，お金が自分の手元に返ってこないリスクがあるから，相手を信頼することができず，資金を持ち逃げされないためにも投資しないほうがよいということになる。逆にもし，それでも投資家が投資をするならば，その投資額は，相手をどれだけ信頼できるかという信頼の代理変数として捉えることができる。

では，このようなゲーム理論の予測に対して，実際の経済実験では，どのような結果が観察されているだろうか。実は，多くの経済実験では，しばしば投資家が正の金額を経営者に渡し，経営者が獲得した金額の一部を投資家に返すという現象が観察されている。さらに，この経営者の返戻額は，投資家から渡された金額が大きいほど大きくなる。このように，実験では，送り手と受け手との間に**正の応報性**が観察され，ゲーム理論の予測と矛盾する結果が多数報告

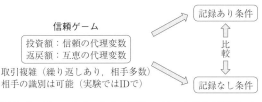

図3-6 ディックホートらの記録オプション付き信頼ゲーム
　　　実験の構造

されている（図3-5）。

4　記録のある社会とない社会——記録オプション付き信頼ゲーム

　このようなゲームを前提に，ディックホートらは，ゲームの設定をさらに複雑にし，取引の相手が多数いて（なお，相手の識別は可能（実験ではID番号で相手を識別できるようにしている）），かつ何回も取引を繰り返すような現実世界により近い状況をコンピュータの中に作り出し，次の2つの条件を比較する実験をおこなっている（図3-6）。1つは「記録あり条件」（取引をしながら，コンピュータ上にその記録を残し参照することができる条件）である。もう1つは，「記録なし条件」（記録ができない（つまり，取引履歴などは全て自分の脳に記憶しなければならない）条件）である。

　ここで，両条件のゲーム理論的な均衡を考えてみよう。結論的にいえば，「記録あり条件」と「記録なし条件」とでは，**均衡には全く違いがない**。なぜなら，記録の存在が，投資家や経営者の利得構造を変えるものではないからである。よって，どちらの条件においても，均衡は先の通常の信頼ゲームと同様，「投資家は投資しない，経営者は返戻しない」ということとなる（表3-1）。

　では，実際の実験の結果は一体どうなったのだろうか。結論的にいえば，実験の結果は，理論予想に反して，両条件の間に大きな違いがみられた。特に，**「記録あり条件」**のほうが，**相手への信頼や互恵性**，そして**経済全体としての生産性**も，より高くなったという結果が得られたのである。

表 3-1　記録オプション付き信頼ゲームの均衡

条　件	均　衡
記録あり条件	投資家：投資しない（投資額＝0） 経営者：返戻しない（返戻額＝0）
記録なし条件	投資家：投資しない（投資額＝0） 経営者：返戻しない（返戻額＝0）

注：記録の存在が，利得構造を変えるものではないため，均衡は同じ。

　では，一体なぜこのような帰結に至ったのだろうか。特に，「記録あり条件」において，一体何が起こったのだろうか。端的にいえば，**記録の存在により，投資家は「だまされない」，経営者は「だませない」社会が構築された**と考えることができる。すなわち，まず一方，投資家は，記録の存在により経営者の評判情報が蓄積可能になるため，相手を見極めた投資が可能になる（「だまされない」）。他方，経営者側も，自分自身の評判に関する情報が蓄積されることを知っているため，どんな時も誠実に振る舞うのが最適な行動となる（「だませない」）。そして更に，そのような経営者の「だませない」状況を見越した投資家は，たくさん投資して多くのリターンを期待することになる。

　これは，**経済社会における記録の重要性**を示唆している。すなわち，経済が複雑になればなるほど，次の意思決定にあたり，相手の評判や，過去の行動に関する情報が重要となるが，そのような情報の保持を脳の記憶だけに頼ることは不可能である。そこで必要となるのが記録である。すなわち，記録をすることができるのであれば，相手の行動履歴や評判を取引ごとに随時記録していくことで，それ以降は，相手の評判にあわせて自らの行動を決定することができるため，より効率的な意思決定をなすことができる。また，その結果，人々は評判というものを気にしながら（自らの評判を落とすことなく，また相手の評判にうまく適応させて）行動していくことになるため，必然的に相手を裏切るような行動は控えられることとなる。

　以上のように，記録がある社会では，「記録が記憶を補完する」ことで，人々の相互の信頼や互恵がより高まり，その結果，経済全体も発展していくと

┌─ **Column** ⑦　実験とは比較することである ─┐

　ここでディックホートらの実験が，「記録あり条件」と「記録なし条件」とを比較したものであることに注目しよう。この「比較すること」が，まさに実験の真髄である。

条件 A ⇐ 比較 ⇒ 条件 B

他の条件を一定にして
分析したい部分だけを操作して結果を比較

いうことが，この実験結果から示唆される。読者の皆さんの中には，現在，実際に企業経営に携わっている方もおられるだろうが，記録をつけることが如何に重要かを常日頃感じているものと思われる。そのような実感と同じ結果が，実験でも証拠づけられているのである。また逆に，読者の皆さんの中には，まさに現在，簿記を勉強している最中で，こんな面倒くさいことをすることに何の意味があるのかと感じている方もおられるかもしれない。しかし，そのような（一見すると）「面倒くさいこと」の背後には，実はこんな壮大なストーリーが横たわっているのである。「記録が現代文明を支えている」，そんな壮大なストーリーをどこかで感じながら，会計を味わってもらえたら幸いである。

5　記録のはたらき

　前節までのディックホートらの実験では，特に相手の行動や取引履歴などを忘れないために（つまり，備忘的に）記録すること（「記録が記憶を補完する」）の重要性が示されているが，記録はそのほかにどのようなはたらきを持っているのだろうか。本節では議論のまとめとして，記録のはたらきをまとめてみよう。結論的には，記録は，「記録をつけると忘れない」という「備忘機能」のほかに「管理機能」や「報告機能」などを有しているといえる（図3-7）。

　②管理機能について，企業や組織で経済活動を記録することにどんなメリットがありそうかを考えるにあたり，逆に，記録をつけていないとどうなるかを

```
①記録をつけると忘れない ⇨ 備忘機能
②記録をつけると管理できる ⇨ 管理機能
③記録をつけると伝えられる ⇨ 報告機能
```

図3-7　記録の3つのはたらき

想像してみよう。端的にいって，記録をつけなければ，自分の組織をうまくコントロールすることができなくなってしまうといえる。たとえば，日本の多くのグローバル企業を想像してみると，子会社・関連会社を世界中に多数有しており，かつ，その事業内容も多角化している場合が多い。そのような中で，どの事業がどの程度儲かっているか，子会社はどういう状況か，などという記録がなかったら，グループを統括し，今後の経営のあり方を考えていくことは困難だろう。また利益を確保するために，「原価改善をしよう」とか「固定費を削減しよう」などと考えても，現状における具体的な数字がわからなければ，それに対する具体的な改善策を立てることは難しいだろう。もちろん，グローバル企業でなくても，たとえば，ある喫茶店が，取引の記録（お客さんに提供したコーヒーやケーキの数，お客さんからもらったお金，仕入れた材料の原価など）を何も記録していないとしたらどうなるだろうか。端的にいって，うまくいかずに立ち行かなくなることが予想される（趣味や副業で，細々と経営するぐらいなら，なんとなくお金が増えた，減ったとか，材料が足りる，足りないというぐらいでよいかもしれないが，そうでなければ，喫茶店として，安定的に経営をしていくことは難しいだろう）。つまり，**記録は経営の羅針盤となり，組織をコントロールするうえで必要不可欠なものとなるのである**。たとえば，（経営の例ではないが）「レコーディング・ダイエット」という言葉を聞いたことはあるだろうか。毎日体重を測り記録するだけのダイエット方法（記録をつけることで，体重を常に意識するこころが芽生え，ダイエットがうまくいきやすくなるという方法）であるが，これなどはまさに，記録が，自分を律しコントロールするための手段になっているといえる。特に「毎日記録する」というのがポイントで，体重を継続的に記録しそれを見返すことで，体重のコントロールができるのである。

　③報告機能について，記録をつけると，相手に情報を適切に伝えることがで

── **Column ⑧**　小説と会計──記録とは物語である ──

　本章でみたように，記録というものは，現代文明を支える極めて大きな仕組みであるといえる。記録があるからこそ，人は物事を忘れないし，更には時間や空間を超えて，「いま，ここ，わたし」の出来事を，「未来の，どこかの，だれか」にも伝えることができる。

　このような記録の役割を考えた時に，ふと「小説」を思い浮かべる人も多いかもしれない。突然だが，筆者は昔，小説家を目指していた時期がある。小説の素晴らしいところは，自分が体験していないことでさえも，疑似体験することができるところである。読者の皆さんも，小説を読んで，その中の主人公や状況に自分の姿を重ね合わせ，一緒になって喜んだり，悲しんだり，色々と考えた経験があるのではないだろうか（ちなみに筆者がもっとも衝撃を受けた（そしてお気に入りの）小説は，三島由紀夫氏の「金閣寺」であり，美に対する嫉妬や執着心から，「金閣寺を燃やさねばならぬ……」と決意するに至る鬼気迫る主人公の思考や感情に触れて，（初めて読んだ当時）高校生だった筆者は非常に大きな衝撃を受けるとともに，何ともいえない共感めいたものさえ抱いたのを，いまでも鮮明に覚えている）。

　もしかすると，会計も小説のようなものなのかもしれない。企業の記録である会計は，実は「企業の物語」であり，企業のそのような記録を読み解くことで，企業の経営者や内部の従業員が味わったり考えたり，更には，泣いたり笑ったりした出来事を，疑似体験できる装置なのかもしれない。つまり，そのような記録が残されることで，あとからでも，その企業が辿った歩みを追体験できることから，まず一方，企業内部の人間（経営者や管理者など）は，企業のこれからの経営管理にその物語を役立てることができるし，また他方，企業外部の人間（投資家や債権者など）も，その物語から，企業の未来の姿に思いを馳せることができるだろう。

　このような視点から会計を眺めることができれば，会計の面白さが理解できるかもしれない。「会計は**物語であり，そして（ある意味で）我々の想像力を試されるものである**」という視点から，このあとの学習を一緒に進めていくことにしよう。

きるということも重要である。たとえば企業内での報告でも，企業外部への報告でも，報告の裏側に継続的な記録に裏づけられた「**根拠**」があると相手を説

59

得しやすいし，また相手からの**納得**を得やすい。しかもその根拠が**数字**に裏づ
けられたものであれば，なおさらであろう。たとえば，ある企業において，売
上が増加したということについて，「売上が前期よりも<u>だいぶ増えた</u>」という
報告と，「売上が前期比で<u>25％増加した</u>」という報告とを比べてみよう。どち
らのほうが説得的であろうか。また同様に，「今期の利益は<u>大きな黒字である</u>」
という報告と，「今期の利益は，<u>8,000億円の黒字である</u>」という報告ではどう
だろうか。おそらく多くの方は，いずれも後者のほうがより説得的であると感
じるのではないだろうか。このように単純な例をとってみても，記録の力，そ
して数字の力というのは非常に大きいことが理解できる。

　本章では，記録には人間の記憶を補完するという役割があり，記録の存在が
経済社会の発展を大きく後押しした可能性が示唆された。続く次章では，ここ
での話を更に深めていくことにする。特に，会計情報は，複式簿記という特殊
な記録システムに支えられていることから，取引の「記録」（recordkeeping）
一般の話を超えて，会計における**複式簿記の記録（bookkeeping）**の特徴につい
て確認してみよう。

読書案内

Zak., P. J., 2012, *The moral molecule: The source of love and prosperity,*
Dutton.（ポール・ザック，柴田裕之訳『経済は「競争」では繁栄しない』
ダイヤモンド社，2013年）。

＊本章で説明した信頼ゲームを用いて，人間の信頼の起源はどこにあるのかを明
　らかにする1冊。著者は，実験経済学と神経科学とを組み合わせた研究の第一
　人者であり，特に人間の信頼にはオキシトシンというホルモンが関係している
　ということを明らかにしている。

山岸俊男『信頼の構造――こころと社会の進化ゲーム』東京大学出版会，
1998年。

＊信頼は社会を構築する重要な要素であるが，本書は，信頼と裏切りの起源とメ
　カニズムを，進化ゲーム理論と実験データから解明し，日本における集団主義
　社会の問題点を指摘している。社会における信頼に興味がある人は，必ず目を

とおしておくべき重要文献の1つ。

千住淳『社会脳とは何か』新潮社，2013年。

＊本章では，「記録がヒトの脳を補完し，信頼という社会において必要不可欠な要素を引き出す」という大きな仮説を確認したが，その点をさらに敷衍すると，人間の脳と社会との関係をどのように考えるかという大きな問題に行き着くかもしれない。そのような思いを抱いた方にオススメなのが本書である。本書は，社会というものとヒトの脳との関連性を，最先端の「社会脳」研究からアプローチしている。新書で読みやすく，知的興奮に満ちている。

工藤栄一郎『会計記録の研究』中央経済社，2015年。

＊人は，なぜ，何を対象に，そしてどのように会計記録をおこなってきたのかという根源的な問題意識のもと，歴史を紐解きながら会計記録の生成・発展の深層に迫る1冊。研究書であり難易度は高いが，歴史と記録の関係を深掘りしたい方は，是非チャレンジしてほしい。

参考文献

Berg, J., J. Dickhaut, and K. McCabe, 1995, "Trust, Reciprocity and Social History," *Games and Economic Behavior*, 10(1): 122-142.

Dickhaut, J., 2009, "The Brain as the Original Accounting Institution," *The Accounting Review*, 84(6): 1703-1712.

第4章

集約する社会
——情報を削ぎ落とす——

┌─ まず考えてみよう ──────────────────────────

　複式簿記は，なぜあのような独特の記録形態を採用しているのだろうか？
特に，企業の取引を「借方」と「貸方」というフォーマットに落とし込んで理
解するのが簿記の大きな特徴であるが，そのように型にはめて記録してしまう
と，多くの情報が削ぎ落とされてしまうのではないだろうか？　そしてそうで
あれば，複式簿記を使わないほうが，本当はよいのではないだろうか？

──────────────────────────────────────

┌─ アブストラクト ─────────────────────────

　本章では，前章をうけるかたちで，単純な記録が複式簿記へ発展するプロセ
スを考えることにする。すなわち，企業にとって，単なる日記帳のような記録
ではなく，複式簿記による記録が必要となるのはなぜだろうか？　ここでは，
複式簿記の特徴を，①集約情報であること，②二面的に捉えること，という2
つの側面から捉えることが重要になる。

──────────────────────────────────────

キーワード：複式簿記，集約情報，行動経済学，限定合理性，二面性，レファ
　　　　　　レンス・ポイント

1　記録と複式簿記

前章では，記録には人間の記憶を補完するという役割があり，記録の存在が経済社会の発展を大きく後押ししていることが示唆された。本章では，ここでの話をさらに深めていくことにする。特に，会計情報は，複式簿記という特殊な記録システムに支えられていることから，取引の「記録」（recordkeeping）一般の話を超えて，会計における**複式簿記の記録**（**bookkeeping**）の特徴について確認してみよう。

結論的には，複式簿記の特徴は大きく2つある。第1は，**集約情報**（aggregate information）（企業活動を集約情報に変換するシステムであること），第2は，**二面性**（**duality**）（企業の経済活動を複眼的に捉えること）である（図4-1）。

2　複式簿記は情報量を削ぎ落とすシステム

まず第1の特徴は，複式簿記が企業活動を集約情報に変換するシステムであることである。「集約情報」ということは，端的にいえば，企業の経済活動をそのままのかたちで記録するものではなく，むしろ**情報量を削ぎ落とすシステム**であるという点が重要である。これは意外に思われるかもしれない。たとえば，一般的な会計の教科書には，**「会計は，企業の鏡である」**という説明がなされることがある。このため，「会計は，企業の経済活動をそのままもれなく映し出すものである」と考えてしまいがちである。確かに会計は，企業の全体像を捉える情報システムであるが，しかし，残念ながら（？），実際には全てをそのまま映し出すものではない。むしろ情報を集約していきながら，経済活

①集約情報：企業活動を集約情報に変換するシステムであること
②二面性：企業の経済活動を複眼的に捉えること

図4-1　複式簿記の特徴

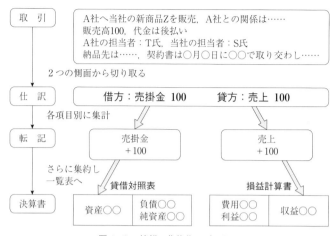

図4-2　情報の集約化のプロセス

動のエッセンスをあぶり出していくようなシステムである。

　それでは，実際には，どのようなかたちで記録がなされるのだろうか。イメージを図示すると，図4-2のようになる。

　図4-2に示されるとおり，企業が取引をおこなうという場合は，実に多くの情報が存在することになる。たとえば，ある企業が他の企業に商品を販売した場合を想定してみよう。この場合，販売する商品の内容や値段をはじめ，その納期や納品先，決済方法，相手企業との関係性，担当者など実に多くの情報が存在することがわかる。取引形態が複雑化すればそれはなおさらである。しかしそのような大量の情報を，複式簿記は，「（借方）売掛金 100，（貸方）売上 100」というように，実に大胆に切り取り集約していくのである。このような集約の仕方を，会計の世界では「仕訳」という。この仕訳は，あとで述べるように2つの側面から経済活動を切り取るものであるが，さらにそれぞれの項目（この項目のことを「勘定科目」という）ごとに金額が集計され（このプロセスを「転記」とよぶ），そしてさまざまな取引から生じる仕訳を一定期間（たとえば1年間）で集計した一覧表が作成される（この集計表を「決算書」とよぶ）。このように複式簿記は，企業の経済活動から生じる情報をかなり大胆に集約していく

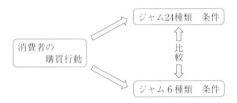

図 4-3　アイエンガーらのジャムの試食コーナー
実験の構造

システムであるといえる。

3　集約情報は意思決定の役に立つ──ジャム実験

　このように情報量を削ぎ落とすことは，はたしてよいことなのだろうか。一
見すると，情報量が多ければ多いほど，よりよい意思決定ができそうであるか
ら，情報量を削ぎ落とすことは，情報利用者にとっては望ましくないように思
われる。しかし実は，実験研究からすると，そうでもないのである。

　情報量と意思決定の問題に関して，たとえば，アイエンガー（Iyengar）らに
よる次のような実験がある（アイエンガー 2010）。彼女らは，消費者行動の研究
として，ジャムの試食コーナーにて，「24種類のジャムを用意した場合」と
「6種類のジャムを用意した場合」の2つにわけてどちらがより売上が高まる
か（消費者がどちらの場合によりジャムを買うか）実験をおこなった（図4-3）。

　直感的には，選択肢が多いほうが消費者にとって魅力的で，購買意欲は高ま
り，売上もより高まることが予想される。しかしながら，結果は逆で，6種類
に絞ったほうが24種類のジャムを並べた時よりも10倍多く売れたという。つま
り，選択肢が多ければ多いほど（情報量が多ければ多いほど），人は選べなくなる
という結果が得られている。

　それでは一体なぜ，このような結果になるのだろうか。この点について，ア
イエンガーらは，大きく2つの理由を挙げている。すなわち，①選択肢が多く
なると意思決定の精神的負担（ストレス）が高まること，また，②選択肢が増

―― **Column ⑨**　限定合理性と行動経済学 ――

　本文で述べたとおり，人間は情報が多いほど逆に決められなくなるというのは直感にも適う興味深い現象である。このような人間行動を説明するものとして「限定合理的な存在」という用語が登場したが，この「限定合理的」や「**限定合理性**」（bounded rationality）という用語は，新しい経済学ともよばれる**行動経済学**（behavioral economics）を語るうえで重要な概念となる。

　すなわち，伝統的な経済学においては，人間を「経済合理性」を有する存在（これを「**合理的経済人**」とよぶ）と位置づけて理論構築がなされていた。これは，大まかにいえば，人間はパーフェクトな存在（経済活動において，完璧な情報収集・処理能力を有するとともに，自己利益のみに従って行動する存在）であるという仮定である。このような合理的経済人の仮定によれば，情報量が多ければ多いほど，よりよい意思決定が可能ということになる（これを「**ブラックウェルの定理**」とよぶ）。

　しかし，現実の人間はそうではなく，本文でもみたように，情報量が多くなると逆に意思決定ができなくなることもある。行動経済学は，このような人間の（ある意味で人間臭い）特質を「限定合理性」とよび，これを前提に，従来の理論を再構築しようと試みているのである。たとえば，2017年度にノーベル経済学賞を受賞したセイラー（Thaler）は，そのような限定合理的な人間の行動をよりよい方向に向かわせるためには，ちょっと背中を押してあげる仕組み（これを「**ナッジ**」（nudge）という）が必要であるとしている。

えることを，人は「後悔する可能性がより高くなる」と捉え，後悔を回避したい（決定回避したい）と考えてしまうことがその理由であるという。これは，人間がパーフェクトな存在ではなく，**限定合理的な存在**であることからも理解できる。すなわち，もし仮に人間が，全ての情報を瞬時に，かつ間違いなく処理することができる**合理性**を有するパーフェクトな存在であるとしたら，選択肢の数に関係なくいつでも最適な意思決定をおこなうことができるだろう（し，むしろ選択肢の数が多くなり，情報量が多くなれば，その分よりよい意思決定ができるだろう）。しかし現実にはそうではなく，人間は，情報処理に時間を費やしてしまうし，時には間違えて処理することもある。また，全ての情報を網羅的に

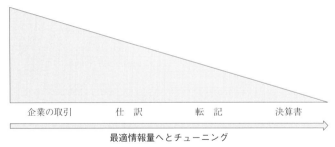

図4-4 複式簿記の「チューニング」(イメージ図)

利用することもできない。よって，現実には，情報が多ければ多いほど，その「副作用」が生じてしまうことも十分にありうるのである。

　さらに，アイエンガーらは，投資の問題について，アメリカの確定拠出型年金制度である401kプランを用いて，同様の実験をおこなっている。401kプランは，資産運用会社から数多くの投資選択肢(減税やその他多くの特典に関するオプション)が用意されている。このことに注目した彼女らは，647社の企業で働く約80万人に，401kプランの投資選択肢を，「2種類にした場合」と「59種類にした場合」との2つに分けて，どちらのほうがより多く401kプランへの参加(投資)がなされたかを比較した。その結果，「2種類にした場合」のほうが，「59種類にした場合」よりも，より多くの被験者が401kプランへの参加(投資)を希望したという結果が得られた。つまり，この実験は，多くの選択肢を与えると，人はかえって投資に向き合わなくなってしまう(意思決定を遠ざけてしまう)ことを示唆している。

　これらの実験結果からすると，情報量が削ぎ落とされることは，必ずしも悪いことではなく，むしろよりよい意思決定をもたらす可能性があるということが理解できる。つまり，意思決定者にとっては，より快適な心理状態で意思決定をおこなうことができる可能性があるというのが，これらの実験結果から理解できることである。

　複式簿記も，企業の経済活動を凝縮し，会計情報を作り出す。一見すると情報量が削ぎ落とされ望ましくないように感じるが，しかし実は，意思決定しや

| 取 引 | 4/3　企業 A は, 資金調達のために銀行借入をおこない, 100万円を現金で受け取った。|

⇩

| 仕 訳 |

借　　方	金　　額	貸　　方	金　　額
現　　金	100万円	借入金	100万円

図 4 - 5　企業の取引と仕訳の具体例

（借方）　　　　　貸借対照表　　　　（貸方）

現金 100
（資産）

借入金 100
（負債）

図 4 - 6　作成される貸借対照表

すい情報量へとチューニングしてくれているのである（図4-4）。

4　二面性の意味

　複式簿記の特徴の第2は, **二面性**（duality）（企業の経済活動を複眼的に捉える
こと）である。たとえば,「簿記」や「会計」のテキストを開いてみると, ほ
ぼ必ず登場するのが「仕訳」である。具体的には, 図4-5のようなものであ
る。

　ここで, たとえば銀行借入を例にすると, 複式簿記の世界では,「企業が銀
行から借金をして, 会社に現金が入ってきた」という取引は,「（借方）現金
100万円/（貸方）借入金 100万円」という仕訳に変換される。そして, 先に図
4-2で述べた情報集約のプロセスを経て, 図4-6のような決算書（貸借対照
表）が作成される。

　図4-6に示されるように, 貸借対照表には, 左側（これを「借方」とよぶ）
に資産を表す「現金」が, 他方, 右側（これを「貸方」とよぶ）に負債を表す
「借入金」が, それぞれ計上される。

ここで考えたいのは，なぜ，わざわざ「現金100万円」だけでなく，「借入金100万円」というのもパラレルに記録するのか，という点である。すなわち，会社に100万円のお金が入ってきて，それをビジネスに使う，ということであれば，単に入出金の記録だけしておけばよさそうである（実際，現金の動きだけを捉える「現金出納帳」という帳簿もある）。それなのに，なぜ複式簿記という情報システムでは，（入出金だけでなくその）反対側に，「資金の出どころ」も記録しておくのだろうか。

　結論的にいうと，このような複式簿記の特質は，ビジネスの本質からくる要請（単に「お金を稼ぐ」ではなく，「一定額や一定割合以上のお金を稼ぐ」という要請）に即したものであるといえる。すなわち，この例で具体的にいえば，「銀行からお金を借りる」という行為は，企業にとって，次の2つの意味を持つ。第1は，お金という「資産」の増加である。つまり，この借入行為によって，企業は100万円のキャッシュを有することになる。このキャッシュをどう使うかは経営手腕の問われるところであるが，いずれにせよ企業にとってプラスの財産が発生することになる。それが，仕訳の左側，そして貸借対照表の左側に表現されているところである。他方，第2は，借入金という「負債」の増加である。つまり，企業はお金が増えて喜んでばかりはいられず，将来時点において，この100万円とそれに見合う一定の利息（たとえば年利5％）を債権者（銀行など）に返済しなければならない債務を同時に負う。その意味で，企業経営者は，この元本100万円と金利5％分を期限内にきちんと返済する（支払う）という制約のもとで，手元資金を有効活用する経営戦略を考えなければならないのである。それが仕訳の右側，そして貸借対照表の右側に表現されているところである。

　このように，企業経営者にとってみれば，単に「100万円を使ってお金を稼ぐ」という漠然としたことではなく，「100万円を使って，[100万円＋年利5％]以上のお金を稼ぐ」という明確なハードルを超えなければ，ビジネスが成功したとはいえない（たとえば，100万円を使って何らかのリターンを得たとしても，そのリターンが，最終的に借入元本や金利をまかなう水準のものでなければ，企業は資金繰りに詰まり破綻してしまうだろう）。よって，企業の経済活動を描写するシス

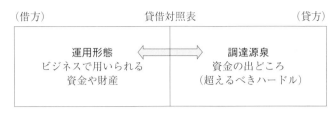

図4-7　借方と貸方の意味

図4-8　同時に出資があった場合の仕訳と貸借対照表

テムである複式簿記は，単なる日記帳のような記録ではなく（更には，現金の出入りだけを記録するのではなく），取引を2つの側面に落とし込む少し特殊な記録システムになっている。特に「貸方」がある意味での「予算制約」ないし「経営上超えるべきハードル」を表し（この場合，貸方を特に**「調達源泉」**という），そのような制約の中で，「借方」でビジネスを展開する（この場合，借方を特に**「運用形態」**という）関係になっていることが理解できる（図4-7）。

　上記の話は，何も借入の場合だけではない。たとえば，上記の企業において，借入と同時に，株主からの100万円の出資があったとしよう。出資というのは，株主が，自分個人のサイフにあったお金を，会社という「法人」のサイフに移転させることであるが，この場合の仕訳と作成される貸借対照表は，図4-8のようになる。

　図4-8に示されるとおり，出資があった場合の仕訳は，貸方に「資本金」という項目が登場し，貸借対照表の右側にも「資本金」という項目が新たに登場している。そして，貸借対照表の左側の現金は，先の借入による資金調達分とあわせて200万円に増加していることがわかる。このように，出資があった場合にも，左側の「現金」だけでなく，右側の「資本金」という記録もわざわ

ざパラレルにおこなうのは，先ほどと同じ理由である。すなわち，株主からの出資も，借入の場合と同様，2つの意味を持つ。

まず第1は現金というビジネスに用いることのできる資産の増加である。また第2は，株主から100万円というお金を出資してもらっているという事実である（これを「資本金」という資本を表す勘定科目で計上する）。これは，先ほどの借入金と異なり，返済義務のある債務（負債）ではないため，決められた期日に，元本と利息を返済しなければならないという性質のものではない。しかし，だからといってこのお金を失ってもよいかといえばそうではなく，企業は，出資額を維持したうえで（資本維持），これを適切に運用し，株主に配当（dividend）を支払う義務を負うことになる。このような義務ないし責任を，委託された資金（出資）に対する**受託責任**（accountability）という。ここで株主も，やはり債権者と同様，お金を出したからには，きちんと運用してほしいと思うのが当然であり，たとえば，出資に対して1％の配当を毎年ほしいと考えるかもしれない（ここでの株主の要求利回りのことを「**株主資本コスト**」（cost of shareholder's equity）という）。このように考えると，出資の場合も借入の場合と同様に，単に「100万円を使ってお金を稼ぐ」という漠然としたことではなく，「100万円を使って，［100万円＋年利1％］以上のお金を稼ぐ」という明確なハードルを超えなければ，ビジネスが成功したとはいえない（たとえば，100万円を使って何らかのリターンを得たとしても，そのリターンが，最終的に出資額や株主資本コストをまかなう水準のものでなければ，たとえば上場企業であれば，経営者は，株主から解任されてしまうかもしれない）。

5　ビジネスのレファレンス・ポイントとしての貸方

ここで，行動経済学によれば，人間の意思決定は，**レファレンス・ポイント**（reference point）に依存してなされるという。レファレンス・ポイントは，参照点ともよばれるが，人間は意思決定の際に，数字や金額を，何かと比較しながら判断するといわれており，この「比較対象」がレファレンス・ポイントで

┌─ **Column ⑩**　複式簿記と人間心理 ─────────────

　本章5では，複式簿記が，行動経済学的にはレファレンス・ポイントを企業経営者に自動的に意識させる仕組みになっていることが理解できたが，実はこの点に関連して，（レファレンス・ポイントという言葉は用いていないものの）先に序章でも登場した井尻雄士は，以下のような考えを示している（井尻1968）。

　すなわち，複式簿記は，企業の現状を資本勘定でもって釈明することを要求するものであるし，また，複式簿記を用いて記録をおこなう人間は，それを利用する際に，数値の背後の因果性を強制的に認識させられながら作成することになるという。そして，このような簿記の体系を，井尻は，「因果簿記」とよんでいる。

　簿記の仕訳を形式的に覚えようとすると，まったくつまらないものになってしまうが，しかし，簿記の先にある，仕組みの不思議さや人間心理の面白さを捉えようとすると，如何に無限の「宇宙」が広がっているかが理解できるだろう。

└────────────────────────────────

ある（この点については，たとえばセイラー（2016）を参照）。たとえば，ある人がギャンブルをやって1万円儲かった場合，人間は1万円そのものを評価する（「1万円儲かった」）のではなく，他人の稼ぎ（「友人は10万円儲けたのに，自分は1万円しか儲けられなかった」）や過去の自分の稼ぎ（「昨日は3万円儲けたのに，今日は1万円しか儲けられなかった」）などと比較して，その1万円を評価する傾向がある。つまり，人間は，何かと何かの差分や変化分に強く反応するのであるが，ここでの例でいえば，「他人の稼ぎ」（10万円）や「過去の自分の稼ぎ」（3万円）が，レファレンス・ポイントである。

　人間のこのような性質を踏まえると，複式簿記の仕組みはよくできていると考えることができる。つまり，貸方側が，借方側に示されるビジネス上のさまざまな意思決定をおこなううえでのレファレンス・ポイントとして機能することで，経営者に，比較すべき対象である調達源泉との差分や変化分を絶えず意識した行動をさせることが可能となる。つまり，単に「ビジネスで200万円を運用する」ではなく，「200万円を運用して，200万円＋金利＋配当以上のお金

━━━ **Column ⑪**　複式簿記は時間や空間を超えて使われ続けている ━━━

　複式簿記は，歴史を超えて，そして空間を超え世界中で使われ続けているが，その起源はどこにあるのだろうか。これには諸説があり，古代ローマ起源説や，中世イタリア起源説などが挙げられる（この点の詳細については，章末の読書案内を参照されたい）。

　複式簿記が広まることになったのは，1494年にイタリアの数学者**ルカ・パチオリ**（Luca Pacioli）によって書かれた「スムマ」（Summa）と呼ばれる本がきっかけであるとされる。パチオリは，15世紀の商業と貿易の発達を背景に当時イタリアで広く用いられていた複式簿記を解説している。

　日本においては，1873年に，福澤諭吉が，米国の簿記教科書を翻訳した『帳合之法』を刊行し，その後次第に複式簿記が用いられるようになったとされる。

を稼ぐ」という超えるべきハードル（このハードルこそが，レファレンス・ポイントにほかならない）を，絶えず経営者に（しかも記録により，自動的に）意識させる仕組みこそ，複式簿記にほかならない。

　もちろん，最初に複式簿記を開発し使い始めた人々が，このような性質を特段意識していたかどうかはわからない。しかし複式簿記が歴史を超えてビジネスの場で使われ続けているのは，このような複式簿記に内在された特質が，人間心理とうまくマッチしたからかもしれない。

6　「出発点」を大事にする複式簿記——負債論

　本章では，企業にとって，単なる日記帳のような記録ではなく，複式簿記による記録が必要となるのはなぜかという疑問に対して，複式簿記の2つの特徴（①集約情報，②二面性）を紐解くことでアプローチした。最後に，4や5でみたような複式簿記の貸方について，もう少しだけ考えてみることにしたい。

　ここではビジネスを考えるにあたって，そもそも貨幣の出発点はどこかということに思いを馳せてみる。すなわち，ビジネスの大きな目的が，お金を稼ぐことであるとしたら，そもそもその「お金」はどこから生まれたのか，という

───── **Column ⑫**　単式と複式と三式簿記 ─────

　本章を読んで，複式簿記の二面性を，ちょっとでも面白いと感じることのできた人は，もしかしたら，さらに次のように考えたかもしれない。「単式簿記や複式簿記があるなら，もう1次元追加した新しい簿記もあるのではないか？」このような直感を抱いた人は，その直感を大事にしてほしい。実は，もう1次元加えた三式簿記という体系が，すでに1970〜80年代から議論されているのである（井尻 1990）。複式に追加される「もう一次元」は，本章5でも論じた「変化分」（「利速」）であり，これは，企業活動や成長のスピードを示すものである。

　なお，現在，新しいテクノロジーの進化が進み，ブロックチェーンとよばれる分散型台帳技術の中でも，既存の複式簿記とは異なる簿記システム（「triple entry bookkeeping」とよばれる）の重要性が叫ばれている。ただし，ここでの「triple entry」の意味は，上記の「利速」を加えた三式簿記とは少し発想が異なるようである（ブロックチェーンの場合，企業独自のストック情報を台帳に持たないので，その分1回多く記帳をしなければならない（ゆえに「triple entry」になる））点には留意されたいが，ともあれ，複式簿記以外の記帳システムもありうるのだという発想は大事にしておいてほしい。

素朴な疑問が湧いてくる。この点について，たとえば，グレーバー（Graeber）によれば，貨幣の最古の形態は借用証書であり，初期の経済システムでは，借金は，人々の約束や人間関係のシンボルとして，共同体の秩序を維持する役割を果たしていたという（グレーバー 2016）。

　このように，負債は，実は貨幣の出発点であり，極言すれば人間社会の出発点ともいえるが，そういった出発点である負債を描写することができているという意味でも，複式簿記の仕組みは実によくできているといえよう。もちろん，上記で述べたように，貸方側の調達源泉（資金調達）は，企業活動の出発点であり，株式会社にとって，資金調達がなければビジネスでの運用はない。このように，さまざまな意味での「出発点」を大事にするのが，複式簿記であるということもできるだろう。

読書案内

Iyengar, S., 2010, *The Art of Choosing*, Grand Central Publishing.（シーナ・アイエンガー，櫻井祐子訳『選択の科学』文藝春秋，2010年）。

＊本章3で登場したジャム実験をはじめ，人間の「選択」の特質を描いた1冊。著者自らの人生における（本来自ら「選択」すべきところ）「選択することができなかった」出来事と照らし合わせつつ議論が進む。本書を読むと，人間の選択（判断や意思決定）が如何に合理的なものから程遠いかが理解できる。

Kahneman, D., 2011, *Thinking, Fast and Slow*, Farrar Straus & Giroux.（ダニエル・カーネマン，村井章子訳）『ファスト＆スロー──あなたの意思はどのように決まるか？』（上）（下），早川書房，2014年）。

Thaler, R., 2015, *Misbehaving: The making of behavioral economics*, Norton & Company Inc.（リチャード・セイラー，遠藤真美訳『行動経済学の逆襲』早川書房，2016年）。

＊本章で登場した行動経済学は，人間のこころと経済行動を捉える研究領域であり，現在大きく注目を集めている。*Thinking, Fast and Slow* は，行動経済学の創始者ともいえるカーネマンが提唱するこころの二重過程理論（人の思考は，直感と熟考の2つの経路から成り立っているという仮説）を様々な事例や研究例をもとに提示する1冊。分厚いが読みやすい。他方，*Misbehaving* は，本章でも登場したセイラーの自伝的な行動経済学入門。本章で紹介したナッジやレファレンス・ポイントなどの概念がわかりやすく説明されているとともに，行動経済学が如何に伝統的な経済学と「戦って」きたかがわかる。行動経済学を紐解くうえで，是非読んでみてほしい。

石川純治『複式簿記のサイエンス──簿記とは何であり，何でありうるか』増補改訂版，税務経理協会，2015年。

＊既存の複式簿記システムは，必ずしも絶対的なものではなく，本章のコラムで登場した因果簿記，三式簿記などいろいろな発展可能性があるし，あくまで相対化された中の1つの形態であるといえる。そのことを理解したうえで学習を進めたほうがきっと面白いが，本書では，そのような複式簿記の広がりを体感することができる。なお，石川純治教授は井尻教授の弟子であり，井尻理論をさらに体系化している点でも読む価値がある。

中野誠『戦略的コーポレート・ファイナンス』日本経済新聞出版社，2016年。
＊本書では，借方と貸方の関係を，経営上超えるべきハードルというかたちで捉
えたが，このような視点の根底には，ファイナンス的な発想がある。特に，企
業経営を考えるにあたっては，単に黒字を出せばこと足りるということではな
く，一定額ないし一定率以上の黒字を出す必要があるし，また昨今のM&A
（企業の合併買収）などでも，事業を買収・売却する際の判断基準として，そ
のような視点が重要になる。これらの点に興味関心を有する方にオススメなの
が本書である。教授がゼミをするような語り口で話が展開されていき，読みや
すい（日経文庫の1冊ということもあり，初学者にもやさしい）し，かつ最先
端の内容が学べる良書。

Soll, J., 2014, *The Reckoning: Financial Accountability and the Rise and Fall of Nations,* Basic Books.（ジェイコブ・ソール，村井章子訳『帳簿の世界史』文藝春秋，2015年）。
渡邉泉『会計学の誕生――複式簿記が変えた世界』岩波書店，2017年。
＊複式簿記の歴史を紐解いてみたいという読者は，序章の読書案内で挙げた友岡
著『会計の歴史』のほか，上記2冊を是非手にとってみてほしい。『帳簿の世
界史』は，世界中で話題になった1冊。『会計学の誕生』は，歴史の中での会
計の位置づけを丁寧に記述するとともに，最近の会計学における「有用性」の
あり方に警鐘を鳴らす（この点は，本書第12章とも関連する）。

参考文献

Graeber, D., 2011, *Debt: The First 5,000 Years,* Melville House.（デヴィッド・グレーバー，酒井隆史・高祖岩三郎・佐々木夏子訳『負債論――貨幣と暴力の5000年』以文社，2016年）。
井尻雄士『会計測定の基礎――数学的・経済学的・行動学的探究』東洋経済新報社，1968年。
井尻雄士「『利速会計』入門――企業成長への新業績評価システム」日本経済新聞社，1990年。
Iyengar, S., 2010, *The Art of Choosing,* Grand Central Publishing.（シーナ・アイエンガー，櫻井祐子訳『選択の科学』文藝春秋，2010年）。
Thaler, R., 2015, *Misbehaving: The making of behavioral economics,* Norton

& Company Inc.（リチャード・セイラー，遠藤真美訳『行動経済学の逆襲』早川書房，2016年）。

第5章

開示する社会
——他者の目にさらす——

┌─ まず考えてみよう ─────────────────────────────
　企業の情報を外部に見せること（見せる仕組みを社会の中に構築しておくこと）の意味はどこにあるのだろうか？
└──────────────────────────────────────

┌─ アブストラクト ─────────────────────────────
　本章では，情報開示の意味について考えることにする。情報開示は，記録と並んで会計の中でもっとも重要な機能の1つであるが，そもそもなぜ企業は情報を開示する必要があるのだろうか。

　そこでまず前半では，これらを考える1つの端緒として，「他者の目」がもたらす効果について検証したベイトソンらのフィールド実験を紹介する。そこでは，人間は他者の目を敏感に察知する能力を持つことから，「他者の目」を常に意識せざるを得ない仕組み（他者の目にさらす仕組み）を作ることで人間の誠実な行動を引き出すことができるという知見が明らかにされる。

　それを踏まえて後半では，情報の非対称性（情報を知っている人と知らない人がいるという状況）をキーワードとして，自発的開示の問題を考える。
└──────────────────────────────────────

キーワード：他者の目効果，インセンティブ，情報の非対称性，自発的開示

1　「他者の目効果」実験

　本章では，情報開示の意味について考えることにする。情報開示は，記録と並んで会計の中でもっとも重要な機能の1つであるが，そもそもなぜ企業は情報を開示する必要があるのだろうか。また情報を開示することで何かよいことはあるのだろうか。また，社会全体として，そのような情報開示の仕組みを作っておくことに，一体どんな意味があるのだろうか。

　そこでまず1では，このような問題を考える1つのヒントとして，「他者の目」がもたらす効果について検証したベイトソン（Bateson）らのフィールド実験を取り上げてみよう。

　「**人は，他者の『目』に対して敏感に反応する**」。こんな知見を明らかにしたのは，ベイトソンらによる次のような実験である（Bateson, Nettle, and Roberts 2006）。ある海外の大学の片隅にあるセルフの飲み物コーナー。代金もセルフ式で，「ここにお代を」と書かれたボックスに入れる。この状況で，人間はどのように振る舞うだろうか。きちんと自分の飲んだ分の金額をボックスに入れるだろうか。それとも「どうせセルフだから，誰もみていないし……」と飲み物だけもらって，代金は入れないだろうか。

　ここで，ベイトソンらは次のAとBの条件を比較した。まずある時には，壁に「花」の写真を貼った（条件A）。他方，ある時には，近くの壁に「人の目」の写真を貼った（条件B）。図5-1に示されるとおり，両者の違いは単に

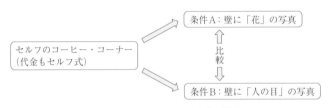

図5-1　ベイトソンらの実験の構造

イメージ

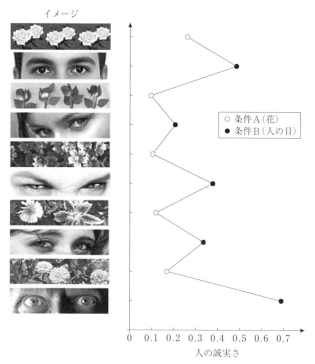

図5-2 ベイトソンらの実験で用いられた写真と実験結果
出典：Bateson et al.（2006：413, figure 1）より引用。

写真の違いだけである。さて，一体何が起きただろうか。

　実験では，何週間かに渡り，消費された飲み物の量と，学生が実際に箱に入れた金額がデータとして集められた。そして，分析の結果，なんと学生は，条件Bの場合に，より正直に飲み物の代金を入れたのである。「人の目」の写真があるからといって，自分のウソがばれる可能性が高まる訳でもないし，ごまかした際に何か特別の罰が与えられる訳でもない。それにもかかわらず，「人の目」の写真があるだけで，学生の行動が変わったのである（図5-2）。

図 5 - 3　ハーレーらの実験で用いられた「目の絵」
出典：Haley and Fessler（2005：250, figure 1）より引用。

2　他者の目で変わる人間行動

　他者の目の効果が示された研究は，ベイトソンらの実験だけではない。同様
の効果は，他のフィールド実験や実験室実験においても確認されている。たと
えば，ハーレー（Haley）らの実験室実験でも，ゲーム中にコンピュータの画
面上に「目の絵」（図 5 - 3 ）を提示しただけで，ゲームでの被験者の他者への
配分金額はより多くなった（より誠実な行動がみられた）という結果が報告され
ている（Haley and Fessler, 2005: 245-256）。

　このように，数多くの実験研究において，人は「他者の目」に対して敏感に
反応するこころのメカニズムを有していることが明らかにされている。すなわ
ち，人は意思決定する際に，無意識のうちに，他者からどう思われるかという
評判を気にするのである。たとえば上記の実験は，いずれも実際の人間がそば
にいるわけではないのであるが（よって，他人からどう思われるかなんて，本当は
考えなくてもよいはずなのであるが），単なる目の絵や写真が第三者の存在を喚起
させ，その結果，人々は「正しいおこない」をするに至るのである。

　では一体なぜ，このようなことが起きるのだろうか。この理由については，

───── Column ⑬　他者の目効果の現実社会への応用例 ─────

　人間は他者の目を敏感に察知する能力を有しているといえるが，逆に考えると，「他者の目」を常に意識せざるを得ない仕組み（他者の目にさらす仕組み）を作ることで，人間の誠実な行動を引き出すことができるかもしれない。

　そしてこのような仕組みは，社会の中にも存在する。たとえば，神戸市は，放置駐輪の抑制を目的として，人の目元の写真を用いた看板を放置駐輪多発地点に設置する社会実験を実施し，結果的には，放置駐輪が大幅に抑制されたという。最近はこのような目元の写真を使ったポスターが防犯対策などにも増えているようで，読者の皆さんの中にも，街中で，目元の写真を使ったポスターをみたことがある方もいるかもしれない。これなどはまさに，「他者の目」を意識せざるを得ない仕組みにより，人間の誠実な行動を引き出す最たる例であるといえよう。

　進化心理学や進化生物学では，人間の進化の観点から次のような説明がされることがある。すなわち，原始的な狩猟の時代から農耕の時代へと移り，ヒトが互いに集団で生活をするようになると，集団の維持や自身の生存のために，他者との関係性を考えることが必要不可欠な要素となってくる。特に，**他人から自分がどう思われるかということを考えて振る舞うことが，集団生活では決定的に重要になる**。なぜなら，もしそうしないと，集団から排除されてしまい，そのことが自身の生活，ひいては生命の危機に直結するからである。それゆえ，他者の目を気にしながら行動するということが，ヒトが生き延びるための重要なカギとなり，そしてそれがいつしか，（意識せずとも）自動的になされるようになったのである（これを，進化心理学的には，「進化の過程で他者の目を気にすることが，ヒトにとって適応的だった」という）。読者の皆さんも，多かれ少なかれ，自分の属するコミュニティにおける自身の評判を気にすることがあると思うが（筆者自身はむしろ，空気を読みすぎる行動をしばしば取ってしまい，「ああ，私はなんて他人のことを気にしすぎるのだろう」と落ち込むこともある），そのような行動は，我々の祖先が，皆さんに授けたギフトであると考えることができるかもしれない。

図5-4　情報の非対称性と情報開示

3　情報の非対称性と情報開示制度

　ここで，我々の主題である会計に戻って考えるとどうだろうか。企業の情報開示を考える場合，重要なカギとなるのは，「情報の非対称性」という概念である。**情報の非対称性**（asymmetry of information）とは，経済的な取引がおこなわれる時，取引の当事者全員に必要な情報が行き渡らず，ごく一部の当事者だけに情報が偏在する現象のことをいう。端的にいえば，情報を知っている人と知らない人がいるというアンバランスな状態のことである。そして，このようなアンバランスさを解消するのが情報開示にほかならない（図5-4）。

　ここでもし，情報の非対称性というアンバランスさを放置したままにしてしまうと，一体どうなるかを考えてみよう。もしかすると，情報を持っている者（**情報優位者**）はその地位や情報を利用して，情報を持っていない者（**情報劣位者**）をだまして，自分だけ儲けようと何か画策するかもしれない。たとえば，企業の経営者と投資家との間の関係を考えてみよう。実は両者の間には，企業の将来を占ううえで極めて重要な情報に関して，アンバランスな状況が生じている。ここで，企業が今後，高い収益を得て成長していくことができるか，またそもそも経営者が頑張って努力しているかどうかという「情報」を考えてみると，企業の内部者（であり当事者）である経営者は，これらに対する情報を，当然のことながらその都度詳細に知ることができる。他方，投資家は，所詮は企業外部の人間であることから，基本的にはこれらの情報についてタイムリーかつ詳細に知ることはできない（そもそも知る余地がない）。まさにここに，「企業の将来性（企業のいわば「品質」）」や，それを支える「経営者の行動（努力水準）」という情報に関する「情報の非対称性」が存在するといえる（図5-5）。

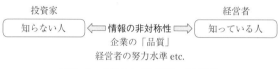

図5-5　企業をめぐる情報の非対称性

そしてそのような状況があると，**経営者はそのアンバランスさを利用して，「悪さ」をするかもしれない**，というのがここでの重要なポイントである。たとえば，本当は今後の成長がほとんど見込めないのにもかかわらず（そしてそのことを，経営者はよくわかっているのに），「うちの企業は将来性があります」とウソをつくことで，投資家をだまして多くの投資を呼び込もうとするかもしれない。また逆に，本当は儲かったにもかかわらず，「今期は全く儲かりませんでした（よって，皆さんには1円も配当できません）……」とウソをつくことで，自分の懐に儲けを隠してしまうかもしれない。さらには，全く努力していないのに，「今期業績が悪かったのは，私のせいではなく，環境のせいである（だから，私のクビを切らないでほしい）」として，責任を逃れようとするかもしれない（実際，このように言い訳する経営者は，現実世界にも少なからず存在するかもしれない）。

　このように情報の非対称性が存在する場合には，さまざまな弊害が生じることが予想される。もちろん，世の中そんな悪いことをする人ばかりではないにしても，そのような「悪さ」をすることのできる状況自体が存在してしまうのは，少なくとも望ましい状況とはいえないだろうし，もし仮にそのような状況が放置されるのであれば，そもそも企業に真面目に投資しようという人間はいなくなってしまうだろう。これは，究極的には，証券市場，ひいては企業という仕組みそのものの崩壊にもつながりかねない大きな社会問題であるといえる。

　では，経営者を誠実にさせるにはどうしたらよいだろうか。ここで他者の目効果の議論を思い出してみよう。結論的にいえば，そのための仕組みが，**情報開示制度**である。ここで重要な視点は大きく2つある（図5-6）。

　第1は，**情報劣位にある投資家が情報を得られる仕組みを作り，投資家がだ**まされない環境を設計することである。ここで，情報の非対称性を解消するた

> ①投資家が情報を得られる仕組みの構築 ⇨ 情報の非対称性を解消
> 　（だまされない環境作り）
> ②経営者が「他者の目」を常に意識せざるを得ない仕組みの構築
> 　（常に経営者を他者の目にさらす仕組みを作る）

図5-6　経営者を誠実にさせるための制度設計——2つの視点

めには，企業の将来を占ううえで重要な情報（企業の「品質」や経営者の行動など）が，投資家に適切かつ適時に伝わる情報ルートを整備することが必要不可欠となろう。この役割を担うのが，まさに会計における情報開示である。

　第2は，**経営者が「他者の目」を常に意識せざるを得ない仕組み**を設計することである。すなわち，先にみた他者の目効果を推進するためには，経営者を他者の目にさらす仕組みが必要となる。これがまさに会計における情報開示である。

　このように，情報開示制度は，2つの意味（情報の非対称性の解消，他者の目効果の推進）で重要な仕組みであるといえるし，また，情報開示制度は，他者との関係性の中で大きな意味を持つということが理解できるだろう。

4　自発的開示の理論

　前節で議論したように，情報開示制度は非常に重要な意味を持つものであるが，ここでは更に，このような情報開示が**規制**として存在するという点にも注目しておこう。なぜなら，素直に考えれば，情報優位にある経営者は，基本的には自らの優位性を手放したくないと考えられるからである。このため，経営者ないし企業に対して規制をすることで，**強制的**に情報のアンバランスさを解消しようというのが，情報開示制度の本質であるといえる。

　そして，ここで規制という点から派生して，1つの大きな疑問が生じる。すなわち，逆に，経営者が，「他人にみられたい」，もしくは「他人に自分の持っている情報を明かしたい」という内発的な動機，ないしインセンティブを持つことはないのだろうか。本節では，この点について掘り下げることにする。

┌─ **Column ⑭**　検証不可能な情報もある ─

　本章3では，情報の非対称性が存在する場合に，情報開示の規制をおこなうことが重要であることが説明されているが，さらに踏み込んでいうと，一体「何」の情報にアンバランスが生じているかが実は重要なカギになる。

　たとえば，先の図5-5においては，情報としては，「企業の『品質』」と「経営者の努力水準」が挙げられていたが，実は両者は，厳密には性質が異なるものである。特に後者の「経営者の努力水準」は，経営者の日々の活動を単に観察しただけではよくわからないものである（これを「**検証不可能性**」という）。たとえば，取締役会において，経営者が目を閉じているとして，それが「目を閉じて一生懸命考えている」（努力水準は高い）のか，それとも「単に居眠りをしている」（努力水準は低い）のかは，はっきりいってよくわからないだろう。もちろん，その場にいって経営者に「あなたはいま頑張っていますか？」と問いかけたら，本人は（もし，たとえ居眠りをしていたとしても）「はい，頑張っています」というかもしれないが，それが本当かどうかを第三者が立証したり，検証したりすることはなかなか難しい（たとえば教授会でも，目を閉じている人が散見されるが，その教授が目を閉じて深い考え事をしているのか，それとも単に居眠りをしているのかは判定し難いものがある）。とすると，このような検証不可能な情報についてアンバランスが生じていた場合は，経営者の努力水準が（検証不可能という意味で）「開示」になじまないものである以上，アンバランスを解消するために（経営者の努力水準に関する）情報開示をしましょう，という議論はできなくなる。実はそこで，会計利益が重要となるのであるが，ともあれ，このようにアンバランスとなっている情報の中身によっては，議論はそう簡単ではないということを理解しておこう。そしてこの点については，第6・7章で改めて整理することにする。

└─

　もし仮に会計規制が存在しないとすると，企業の経営者は自社の業績を進んで開示するだろうか。直感的には，「開示しない」となりそうであるが，実は「開示する場合もある」とする研究がある。具体的には，グロスマンとハート（Grossman and Hart 1980; Grossman 1981: 461-484）が，このロジックをモデルで説明している（彼らの研究は，厳密には会計情報の開示行動を念頭に置いたものではないが，会計分野においても非常に重要な論文とされている）。

図 5 - 7　企業の「品質」のバラつきと情報の非対称性

　先の例と同様に，経営者と投資家との間に，企業の「品質」についての情報の非対称性が生じていると仮定する。ここで企業の「品質」は，企業がどれだけ稼ぐことができるかといった将来性や，企業が保有している財産などを反映しているものとして，（単純化のために）0から10までの間で一様にバラつく可能性があるとしよう（全く将来性がなく財産もないという最悪の状況を「0」，将来バラ色で財産も潤沢にあるというハッピーな状況を「10」と考える）。そして，このバラつく範囲や可能性については，経営者だけでなく，投資家も事前に知っていると仮定する。しかし，投資家は，（その可能性については理解しているものの）企業の今期の実際の「品質」自体は知ることができず，情報の非対称性が存在するものと仮定する（なお，経営者は，自企業のことであるから実際の「品質」を知っている）（図 5 - 7 ）。

　ここで，経営者は，自分だけが持っている情報を自ら進んで開示するだろうか。そのことを考えるために，ここでは逆に投資家サイドの行動，特に「**もし仮に経営者が情報を開示しなければ，投資家は企業をどのように評価するか**」ということを考えてみよう。結論的にいえば，投資家は，情報開示がない場合，事前の情報（バラつく範囲や可能性）から企業の品質を「5」と評価することになる。すなわち，投資家は実際の企業の「品質」は知らないが，企業の「品質」が0から10までの間で一様にバラつく可能性があるということだけは知っているわけであるから（逆にいえば，そのことしか知らないから），そのちょうど平均となる「5」と判断をすると捉えるのが自然である（「よくわからないけど，まあ平均的にはちょうど真ん中ぐらいかな……」という感覚である）。このように，情報開示がなされない場合，投資家は，企業の品質を（平均的な）「5」と予測するものと考えられる。

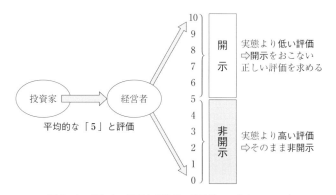

図5-8　投資家の評価と経営者の開示①——第1ステップ

　そしてそのような平均の「5」で評価されることが，企業にとってハッピーなことかどうか考えてみよう。これは実際の「品質」が，「5」よりも高いか低いかによって異なる。たとえば実際の品質が「2」である企業の経営者からすれば，これはうれしいことである。なぜなら情報を隠すことで，実態よりも高めに評価してもらえるからである。そしてそうであれば，経営者にとっては情報を隠すことが得策ということになろう。逆に，実際の品質が「8」であった場合はどうだろうか。これはアンハッピーである。なぜなら情報を見せないことで，実態よりも低めに評価されてしまうからである。この場合は，むしろ積極的に情報を開示したい（そのことで企業を正当に「8」と評価してほしい）と思うであろう。このような開示・非開示のロジックは，「品質」が「5」の場合を境界線として，他の場合についても成立するから，「5」よりも大きな「品質」の経営者は，自発的に情報開示をすることになるし，逆に「5」よりも小さな「品質」の経営者は，情報を開示しないことになる（図5-8）。

　そして，このようなロジックを前提に，さらに話を先に進めてみよう。ここからは，ゲーム理論的な先の読み合いが重要になる。具体的には，投資家が，上述のように「実際の『品質』の大小により，開示がなされる場合となされない場合とがある」であろうことを合理的に先読みするならば，経営者が情報開示をしない場合，それは「品質」が悪いから（「5」より小さいから）であると，

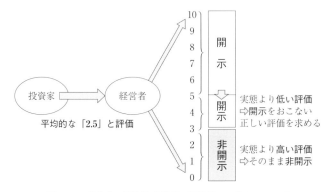

図5-9　投資家の評価と経営者の開示②――第2ステップ

投資家は予想することになる。つまり，情報を見せないことそれ自体が，「バッドニュース」として投資家に伝わることになる。

　そしてその際に，投資家は，開示がなされない場合の企業の「品質」は，（0から5のちょうど平均を取って）「2.5」であると評価する。非開示の場合に「品質」が平均的な「2.5」であると評価されるのであれば，先と同じロジックで，「2.5」から「5」までの「品質」となる場合（過小評価されてしまう場合）には，経営者は情報を開示することになるし，逆に「0」から「2.5」までの場合（過大評価される場合）には非開示ということになる（図5-9）。

　そして，このロジックを繰り返していくと，最終的には，結局どのような「品質」であれ，経営者にとっては情報開示することが望ましくなる。つまり，「情報を見せない」ということが，「品質」の悪さのシグナルとなってしまうことから（そして，そのことにより過小評価がなされてしまうことになるから），結局はどの企業も情報を自発的に開示したほうがよいということになる。これが，**自発的情報開示の理論**ないし，**完全開示理論**とよばれるもののエッセンスである。このように情報開示のインセンティブというものに着目すると，強制的な仕組みがなくても，経営者の自発的な情報開示が導かれる場合があるというのが，ここでの重要なポイントとなる。

　しかし，これは実は，いくつかの暗黙の仮定を前提としたものである。たと

えば，上記の説明では，情報開示にコストがかからないことや，開示情報が真実であることなどが暗黙の前提とされている。ここで特に，コストがかからないという前提を緩め，情報開示にはコストがかかると仮定すると，先と異なり，開示がなされる場合となされない場合とに分かれるという結論が導出される（これを，**開示コストモデル**（disclosure cost model）という）。現実世界を考えてみると，自発的情報開示の理論に反して，企業の自主性に任せたとしても情報開示に積極的な企業とそうでない企業が存在するが，それはこの開示コストモデルのように，情報開示にはさまざまなコストがかかるということが前提となっているからである（そして，そうであれば，やはり規制は必要ということになるだろう）。

　また，証券市場の存在を考えると，さらに話が広がってくる。情報開示をおこなえば，経営者と投資家間で情報の非対称性が緩和され，**資本コスト**（cost of capital）の低下や証券自体の**市場流動性**の向上，売り買いの価格差（ビッド・アスク・スプレッドという）の縮小，もしくはアナリスト間の利益予想のバラツキ（分散）の縮小などをつうじて，企業の市場価値が高まる（株価が高まる）とされており，このことから，よい情報だけでなく悪い情報についても，経営者は情報開示をおこなうインセンティブを有するとされている。

　いずれにせよ，開示の問題を，人間心理の観点から解き明かしていくことは，非常に重要，かつ，エキサイティングな作業であることが，本章の議論から理解できるだろう。

読書案内

小田亮『利他学』新潮社，2011年。

＊本章 2 における「他者の目効果は，ヒトの進化において適応的だった」という議論は，本書を参考にしている。ヒトの利他性の起源はどこにあるのかという点に迫る 1 冊。

唐沢かおり『なぜ心を読みすぎるのか──みきわめと対人関係の心理学』東京大学出版会，2017年。

＊心理学における「対人認知」というフィルターをとおして，人間のこころの社

会性や他者とのつながりのあり方に迫る1冊。他者との関係性の中での人間の心理に興味がある方にオススメ。

椎葉淳・高尾裕二・上枝正幸『会計ディスクロージャーの経済分析』同文舘出版，2010年。
＊情報開示に関する理論と実験について，広くサーベイをおこなっている研究書。本章で示した自発的開示の理論などもカバーしている。数式も登場するなど難易度は高いが，このような研究に興味のある方は，是非紐解いてほしい1冊。

浅野敬志『会計情報と資本市場』中央経済社，2018年。
＊証券市場における開示制度の変容が経営者行動にどのような影響を及ぼすか，データを用いて広く分析をおこなっている意欲作。こちらも難易度は高いが，アカデミックな研究の最先端を知りたい方へ。

参考文献

Bateson, M., D. Nettle, and G. Roberts, 2006, "Cues of being watched enhance cooperation in a real-world setting," *Biology Letters,* 11(2): 412-414.

Grossman, S. J., and O. D. Hart, 1980, "Takeover Bids, the Free-Rider Problem, and the Theory of the Corporation," *Bell Journal of Economics,* 11(1): 42-64.

Grossman, S. J., 1981, "The Informational Role of Warranties and Private Disclosure about Product Quality," *Journal of Law and Economics,* 24(3): 461-484.

Haley, K. J., and D. M. T. Fessler, 2005, "Nobody's watching? Subtle cues affect generosity in an anonymous economic game," *Evolution and Human Behavior,* 26: 245-256.

第Ⅲ部
会計利益と人間心理

第Ⅱ部で示した会計のプロトタイプ（原初形態）をうけて，続く第Ⅲ部では，特に会計利益に注目して，その経済的機能を2つの側面から深掘りすることにする。すなわち，第Ⅱ部で示したとおり，会計は，企業の経済活動を複式簿記によって記録するが，その際に利益という経済活動の成果を計算し，公開するのが特徴的である。それでは会計で計算される利益（ここでは「会計利益」とよぶ）は，一体どのような経済的機能を有しているのだろうか。

　結論的には，それは，会計利益が求められる状況（具体的には，情報の非対称性の態様）に応じて2つが想定できる（以下の表を参照）。第Ⅲ部では，この2つの機能を1つずつ学習することにする。

表　情報の非対称性の2つのタイプと会計の機能

場　面	非対称となる情報	問題のタイプ	利益の有する役割	
市　場	財の品質	アドバース・セレクション	意思決定支援機能	⇦第6章
組　織	経営者の行動	モラル・ハザード	契約支援機能	⇦第7章

本書全体の中での位置づけ

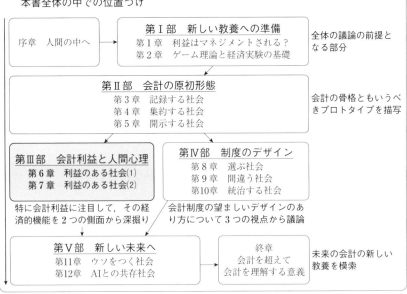

第6章

利益のある社会（1）

──悪い品質のものが生き残る⁉──

┌─ まず考えてみよう ─────────────────────

　情報開示が大事ということであれば，情報の中身は問わないのか？　（どん
な情報でもよいのか？）会計では，利益が開示されるというのが1つポイント
となるが，一体なぜ，利益を開示するのだろうか？

└──────────────────────────────

┌─ アブストラクト ─────────────────────

　先の章では情報開示の問題を考えたが，会計では単に「何かを開示する」の
ではなく，あくまで「（複式簿記により計算された）利益を開示する」というの
が大きなポイントとなる。ではなぜ，ほかでもない「利益」なのか。
　実は，その意味は大きく2つあるが，ここではその1つである「アドバー
ス・セレクション（逆選択)」の問題を明らかにする。ここでのポイントは，
利益が，企業（の発行する証券）という「財の品質」に関する情報として機能
する点である。

└──────────────────────────────

キーワード：情報の非対称性，アドバース・セレクション，財の品質

1　情報の非対称性再び

前章では，情報開示の問題に関連して，情報の非対称性という概念を説明したが，本章では，これをもう少し掘り下げてみよう。先にみたように，**情報の非対称性**（asymmetry of information）とは，経済的な取引がおこなわれる時，取引の当事者全員に必要な情報が行き渡らず，ごく一部の当事者だけに情報が偏在する現象のことをいう。そして情報の非対称性が存在する場合，情報優位者はその状況を悪用しようとするかもしれない。そして，この「悪用」（生じる問題）のタイプが，情報の性質によって2つあるというのが，ここでの大きなポイントとなる（表6-1）。そして本章では，2つのタイプのうち，アドバース・セレクションという問題に触れ，またそこにおける会計情報の意味について学ぶことにする。

2　福袋の中身は？

読者の皆さんは，福袋を買ったことがあるだろうか。私は保守的な人間なので，損をした時のリスクを勘案してしまい，手を出したことはないのだが，中身の見えないワクワク感が好きで（特に，お正月セールなどで）つい買ってしまうという人も多いのではないだろうか。

福袋は，中身が見えない仕組みになっていることが，消費者の購買意欲を喚起する1つのカギとなっている（もっとも，最近では中身を事前に知らせている福袋もあるようであるが，それはどちらかというと少数派であろう）。中身が見えない

表6-1　情報の非対称性の2つのタイプと会計の機能

非対称となる情報	「悪用」（生じる問題）のタイプ	学習する章
財の品質	アドバース・セレクション	←本章で学ぶ
経営者の行動	モラル・ハザード	←次章で学ぶ

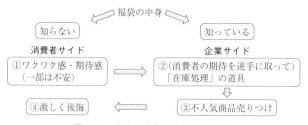

図6‐1　福袋の消費者行動と企業行動
注：①～④の数字は，思考や行動の順序を示している。

からこそ，つい期待してしまうのが人間の性(さが)ともいえるが，しかしこれは逆に，企業サイドにとってみれば，実は「おいしい」（そういった消費者行動を逆手に取ってうまく利用すれば得することのできる）仕組みともいえる。すなわち，福袋を買ったことのある人の中には，「ああ，やられたー，こんなのいらない」とか「これ明らかに売れ残りだろう……」とその中身に絶望し，「やっぱり買わなければよかった」などと後悔した経験のある人もいるかもしれない。つまり，企業サイドからすると，福袋はいわば「在庫処理」として，不人気な商品を詰め込んで顧客に売りつけることのできるツールともいえる（図6‐1）。

　ここでのポイントは，福袋の中身が見えない，つまり，福袋の中に入っている**「財の品質」に関する情報の非対称性が生じている**点である。情報の非対称性が存在する場合は，情報を有している者はだまし，情報を有していない者はだまされる可能性がある（もちろん，そんなに悪い企業ばかりではないかもしれないが，だまされても仕方ない状況証拠は揃っているといえる）。そしてもし仮に，消費者がいったん冷静になって，このような関係性を見とおすことができたとしたら，・かしこい消費者（ここでの「かしこい」は，先の章までにみた「合理的」や「合理性」という言葉と同義であると考えてよい）であれば，福袋は買わない，もしくは，たとえ買うとしても自分のこころが傷づかない程度に安いもの（高額でないもの）を買うのが得策だと判断するのではないだろうか（図6‐2）。

　このように，もし仮に消費者が冷静に先を見とおして，かしこく行動を変化させるとするならば，状況は変わってくる。たとえば，消費者が買わない，も

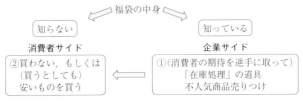

図6-2　かしこい消費者による先読み判断
注：①～②の数字は，思考や行動の順序を示している。

しくは値段の安いものしか買わなくなると，よいものを真面目に福袋に入れて売ろうとする（そして，よい品質のものなので，それなりに高めの値段を設定して福袋を売ろうとする）企業が淘汰されてしまう（正直な企業がバカをみる）という事態が生じてしまうかもしれない。次節では，このような問題を，もう少しフォーマルなかたちで掘り下げてみよう。

3　アドバース・セレクション──「レモン問題」とは

ノーベル賞受賞者である経済学者の**アカロフ**（Akerlof）は，上記の問題を，中古車市場における「**レモン問題**（lemons problem）」として分析している（Akerlof 1970: 488-500）。ここで「レモン」とは，悪い品質の中古車を意味している（イメージは，悪い車を買ってしまった時の，「わー，やられた」という酸っぱい顔で，これは，ちょうどレモンを食べて酸っぱさを感じる時の表情に似ている）。

実は中古車市場も，福袋のように，財の品質にばらつきがあり，かつ，買い手と売り手の間で財の品質に関する情報の非対称性が生じやすいといえる。すなわち，新車であれば，車の品質はある程度見とおすことができるが，しかし中古車の場合はそうはいかない。もちろん，走行距離をみれば，ある程度その質を見とおせるかもしれないが，しかしそれは確かな情報ではない（たとえば走行距離が短くても，ずっと倉庫に眠っていて，エンジンが錆びつき調子が悪いという可能性も十分ありうる）。そう考えると，中古車も，福袋と同様，その品質が，消費者サイドにとってブラックボックスになりやすい財といえる。そのような

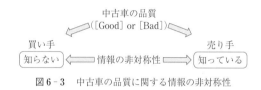

図6-3 中古車の品質に関する情報の非対称性

表6-2 売り手の価格設定行動

中古車の品質	財の価値	情報の非対称性	
		な し	あ り
		販売価格	販売価格
Good	100	100	100
Bad	10	10	100

中古車市場の特質を念頭に置きながら，以下でアカロフのモデルのエッセンスを追いかけてみよう。

まず，中古車の品質は単純に2タイプ（よい品質の「Good」と悪い品質の「Bad」）あると仮定する。そして，中古車の売り手はこの真実のタイプを知っているものの，買い手は知らないと仮定する。すなわち，中古車の品質に関して，情報の非対称性が存在すると仮定する（図6-3）。

このもとで売り手と買い手の行動を考えてみよう。まず売り手は，どのような価格設定をおこなうだろうか。いま単純化のために，「Goodタイプ」の中古車の価値を100，「Badタイプ」の価値を10と仮定する。また情報の非対称性がない場合には，売り手はその価値どおりの価格をつけるものとする。

いまここで特に考えたいのは，情報の非対称性がある場合（つまり，中古車の本当の品質を買い手が知らない場合）の売り手の価格設定行動である（表6-2）。もし買い手が事前に中古車の品質を知らないのであれば，売り手にとっては，それを利用し買い手をだます余地がある。すなわち，売り手は情報の非対称性から，「買い手はGoodとBadを見分けることができないハズ」と考える。よって，売り手は，**Badの中古車についても**（本当は10の価値しかないのに），**Goodの中古車に紛れさせて100で売ってしまおうというズルい価格戦略**をと

表6-3　買い手の予想

販売価格	予想される品質
10	Bad（10）
100	Good（100）*or Bad*（*10*）

るだろう（表6-2の右下太枠）。もしそれで，買い手がだまされたら儲けもので
ある。このように，情報の非対称性が存在する場合には，情報優位にある売り
手は，買い手をだますような（Bad財をGood財に紛れさせボロ儲けする）価格戦
略をとる余地があるといえる。これは先の福袋の例でいえば，企業が「在庫処
理」として売れ残りの商品を福袋に詰めて，何食わぬ顔で高値で売るようなイ
メージである。

　次に，買い手の行動を考えてみよう。買い手は，品質のバラつき（Goodと
Badの中古車があるということ）自体は知っているものの，実際に自分が買おう
としている目の前の中古車の品質は知らないとする。この場合，買い手は，実
際の値段を見て品質を予測し，購入を決定するほかない（表6-3）。

　表6-3に示されるとおり，販売価格が「10」であれば，品質もきっと
「Bad」（価値10）なのだろうと推測がつく（つまり，「安かろう悪かろう」）。しか
し，難しいのは価格が「100」の時である。すなわち，買い手も情報の非対称
性があること自体は知っているため，「もしかすると自分はだまされるかもし
れない……」と先読みするのが自然である。よって，中古車の品質は，素直に
「Good」（価値100）か，もしくは（だまされて）「Bad」（価値10）の可能性も十分
ありうると買い手は推測するだろう（表6-3の右下太枠）。

　ここでもし，「Bad」な中古車を価格10で購入したり，「Good」な中古車を
価格100で購入できたなら何も問題はないが，最悪なのは，10の価値しかない
「Bad」な中古車を，だまされて100という高値で買ってしまう場合である。こ
れは，買い手にとっては大ダメージである。とすると，買い手としては，この
ダメージを回避する行動をとるのがかしこい戦略といえよう。すなわち，販売
価格100の中古車をあきらめ，販売価格10の中古車を選ぶのが，買い手にとっ

表 6-4 モデルの帰結

中古車の品質情報	売り手の行動	買い手の行動	てん末
「Good」（100） 中古車 「Bad」（10） **情報の非対称性** 売り手は知っているが，買い手は知らない	Good →価格100 Bad →価格100 「Bad」を高値（100）で販売してボロ儲けしようとする	だまされる可能性を察知 →価格の高いものは買わない	価格100の中古車（Good or Bad）は売れず →価格10の中古車（Bad）のみが市場に生き残る（Good の中古車が淘汰される） **アドバース・セレクション**

てはかしこい戦略といえる（もちろん，「買わない」という選択肢も現実にはあるかもしれないが，ここでは，車がないと生活できない田舎におり，移動手段として車は必須であると想定しておこう）。

　このように情報の非対称性が存在する場合，買い手は，「**高いものを買って大損するよりは，安いものを選ぼう**」という行動原理（これを『期待損失の最小化』とよぶ）により，値段の高いものを買い控える行動をとるのである。これは，先の福袋の例でいえば，いったん冷静になったかしこい消費者が，福袋は買わない，もしくは，たとえ買うとしても自分のこころが傷つかない程度に安いもの（高額でないもの）を買うのが得策だと考えることと同じである。

　では，上記のように，買い手が値段の高いものを買い控える行動をとると，一体何が起こるだろうか。ここですぐ思いつくのは，値段の高いものは売れなくなる，ということであろう。そしてそうであれば，もともと価値の高い「Good」の中古車は，売ろうと思っても売れなくなってしまうため，売り控えられてしまうことになる。そうすると結局は，中古車市場には，品質が「Bad」の車のみが生き残ってしまうことになる。つまり，よい品質の中古車が市場から淘汰されるという恐ろしいことが起こってしまうのである（表6-4）。

　このように，情報の非対称性が存在する場合に，悪い品質の財のみが市場で生き残ってしまうという逆転現象を，**アドバース・セレクション**（逆選択）という。一般的なマーケットの常識からすると，「品質のよいものが市場で生き

残る」ということになるが，情報の非対称性が生じてしまうと，そのようなマーケットの「常識」とは逆の現象が生じてしまうというのが，ここでのポイントになる（よって，逆選択とよばれるのである）。

　そして，このような事態は，よいものを真面目に売ろうとする（そして，よい品質のものなので，それなりに高めの値段を設定して売ろうとする）企業が淘汰されてしまうということ（正直な企業がバカをみるということ）であり，必ずしも望ましいことではない。そのためにも，情報の非対称性が生じないようにすることが重要となる。次節では，この問題を，証券市場の問題として，そして会計の議論に引き寄せて考えることにしよう。

4　証券市場における情報の非対称性

　上記のアドバース・セレクションの問題は，中古車市場だけでなく，その他の市場においても同じことがいえそうである。そこで，本節では，企業が発行する株式や社債が流通する証券市場を考えてみよう。

　まず，証券市場の問題を考えるに当たっては，表6-5に示されるとおり，先の中古車市場における「中古車」「中古車の品質」「売り手」「買い手」を「企業（厳密には，企業の発行する証券）」「企業（の発行する証券）の品質」「企業の経営者」「投資家」として，それぞれ捉え直すと話がわかりやすいだろう。

　株式会社制度の発展により企業の数が増え，また各企業の規模が拡大していくと，株式数そして株主数が増加していくことになる。そうすると，株式を売買するための証券市場（図6-4）が生じ，また市場における株価が重要な意味を持つようになる。

　すなわち，まず一方，株主サイドでは，企業に出資して配当を得ようとするよりはむしろ，もっぱら市場における株式の売買で儲けを得ようとするいわゆる投資家ないし投機家とよばれる存在が発生することになる。また他方，企業サイドにおいても，新規の資金調達をする際に有利にするため，株価に関心をもつようになる。さらには，株式だけでなく，企業にとっての借入金が「社

表6-5　中古車市場から証券市場への変換

中古車市場	証券市場
中古車	企業（の発行する証券）
中古車の品質	企業（の発行する証券）の品質
売り手	企業の経営者
買い手	投資家

図6-4　東京証券取引所
出典：https://free-materials.com/。

債」というかたちで小口化され，証券市場で流通するようになると，社債権者
も社債の市場価格に関心を持つようになる。

　ここで，株式や社債などの証券価格は，一体どのように決定されるのであろ
うか。その要因としてはさまざまなものが考えられるが，基本的には市場にお
ける財の価格は，その財の需要と供給により決まる。そして株式という財を需
要したい（供給したい）という期待は，企業という財の「品質」（よい会社かどう
か，将来性はあるのか）に大きく依存するといえる。

　しかし，このような情報は，企業と市場の間で非対称になっているというの
が重要なポイントである。つまり，企業の経営者は，企業内部の人間であるか
ら，企業（が発行する証券という財）の品質をよく知っている。しかしながら，
市場参加者たる投資家は，その多くは企業の外にいるから，企業の品質をよく
知ることができない。ここにまさに，情報の非対称性が生じてしまうのである

図6-5　企業の品質に関する情報の非対称性

図6-6　企業の品質の指標としての会計利益

（図6-5）。

　前節で確認したとおり，財の品質に関する情報の非対称性が生じる場合，ア
カロフの「レモン問題」の議論からすると，品質のよい財が淘汰されてしまい，
品質の悪い財のみが市場に生き残ってしまうという**アドバース・セレクション**
が生じてしまうことになる。つまり，証券市場でいうと，品質のよい（業績の
よい）企業は投資してもらえず資金調達ができなくなり，逆に品質の悪い（業
績の悪い）企業のみが証券市場に生き残ってしまう（投資家は，そのような品質の
悪い企業しか投資対象にできない）という最悪の状況を招いてしまう。

5　企業の品質情報としての利益

　そこで，このような情報の非対称性を解消するために，会計情報が必要とさ
れる。ここでのポイントは，複式簿記システムによって計算される利益という
ものが，企業の品質の指標としての役割を果たすという点である（図6-6）。
すなわち，会計は，複式簿記システムをとおして企業の経済活動を貨幣数値に
よって集約し，企業の業績，つまり企業の「品質」を表現する利益というもの
を計算する。そして利益をみれば，その会社がよい会社かどうか，将来性はあ
るかどうかがよく理解できる。このように，会計利益は，企業の「品質」を表
す指標としての役立ちを有している。

図6-7　会計の情報開示制度による情報の非対称性の解消

　そして，企業の品質に関する指標として会計の利益情報が開示されるような制度が構築されれば，経営者と投資家との間の情報の非対称性が解消され，アドバース・セレクションの問題は解消されることになる。このような**会計の情報開示制度**によれば，投資家は，適切な情報をもとに，投資に関する意思決定をおこなうことができるし，業績のよい企業も証券市場できちんと資金調達することが可能となるのである（図6-7）。

　このように，会計における利益情報は，企業の品質に関する情報として機能し，情報の非対称性に起因するアドバース・セレクションを解消し，投資家の経済的な意思決定を事前に支援するという役立ちを有する。このような役立ちのことを，財務会計の**意思決定支援機能**という。

　ただし，このままでは腑に落ちないという読者もいるかもしれない。「情報を知っている企業経営者が，投資家にウソをついたらどうなるのか？」と。

　そうなのである。図6-7に示されるような情報開示制度の難点は，経営者がウソをついたとしたら，情報の非対称性は解消されないということである。それどころか，投資家がさらにだまされてしまうという危険すら生じる。つまり，情報開示制度においては，単に情報優位者に情報を開示させるだけでなく，情報優位者がウソをつかないような（真実の情報を伝えるような）仕組みを，もう一段階設計しておく必要があるのである。会計においては，その「もう一段階の仕組み」が，**会計監査制度**になる。すなわち，会計の専門家たる公認会計士が，投資家の代理人として，経営者により開示される利益情報の信頼性をチェックする。そのことにより，企業の経営者が投資家に対してウソの情報を伝えないようにする。このような監査の仕組みがあってはじめて，会計の情報開

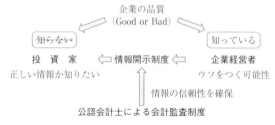

図6-8　会計の情報開示制度と監査制度

示制度は，情報の非対称性への役立ちを有することになる。つまり，会計の情
報開示制度と監査制度は両方セットとして意味のある仕組みになるというのが，
ここでの大きなポイントとなる（図6-8）。

読書案内

伊藤秀史『ひたすら読むエコノミクス』有斐閣，2012年。

＊情報の非対称性をベースにした情報の経済学に関する入門的な良書。経済社会
　における情報の役割に興味がある方にオススメ。

Scott, W. R., 2006, *Financial Accounting Theory 4th,* Pearson Education
Canada, Inc.（ウィリアム・R・スコット，太田康広・椎葉淳・西谷順平訳
『財務会計の理論と実証』中央経済社，2008年）。

＊本章で説明したアドバース・セレクションの問題と会計とのつながりは，財務
　会計の意思決定支援機能とよばれるが，この点を学術的に深めたい方は是非と
　も手にとってほしい1冊。カナダの公認会計士の実務研修で用いられるテキス
　トの邦訳であり，経済学をベースとした会計研究が丁寧に論じられている。難
　易度は高いが，日本の公認会計士業界でも，このようなテキストが用いられる
　日が来てほしいと切に願う。

須田一幸『財務会計の機能――理論と実証』白桃書房，2000年。

＊本章で説明したアドバース・セレクションの問題（財務会計の意思決定支援機
　能）と，次章で説明するモラルハザードの問題（財務会計の契約支援機能）を，
　綿密な実証分析で捉えつつ，両者の接点を探る包括的な研究書。レベルは高い

が，財務会計の経済的機能を考えるうえでの日本での必読文献。

桜井久勝『会計利益情報の有用性』千倉書房，1991年。
大日方隆『利益率の持続性と平均回帰』中央経済社，2013年。
薄井彰『会計制度の経済分析』中央経済社，2015年。
＊これら3冊は，証券市場における会計情報の有用性について，現実のデータを
　用いて検証する研究書である。いずれも難易度は高い（日本経済研究センタ
　ー・日本経済新聞社が主催する「日経・経済図書文化賞」の受賞作である）が，
　この領域の日本での先駆的研究である。是非とも一度は手にとって，その重厚
　さと精密さを感じてほしい。研究対象として，会計利益の証券市場での役立ち
　がどのように取り扱われているのか，体感してみたい方へ。

内田浩史『金融』有斐閣，2016年。
＊会計をいったん離れ，証券市場つながりで，ファイナンスについて基礎から学
　習したい方にオススメなのがこの1冊。複雑でわかりにくい金融の仕組みを図
　表や事例で説明してくれる。第1部（貨幣と金融取引）と第2部（取引費用に
　対処する金融の仕組み）を読むだけでも価値がある。

参考文献

Akerlof, G. A., 1970, "The Market for Lemons: Quality Uncertainty and the Market Mechanism," *Quarterly Journal of Economics,* 84(3): 488-500.

Scott, W. R., 2006, *Financial Accounting Theory 4th,* Pearson Education Canada, Inc.（ウィリアム・R・スコット，太田康広・椎葉淳・西谷順平訳『財務会計の理論と実証』中央経済社，2008年）。

第7章

利益のある社会（2）

――ヒトのインセンティブを高めるには――

┌─ まず考えてみよう ─────────────────

　ヒトを頑張らせるにはどうしたらよいか？　特に，株主からして，経営者を頑張らせたいと思ったら，一体どうしたらよいのだろうか？

└──────────────────────────────

┌─ アブストラクト ────────────────

　本章では，第6章に引き続き，会計が「（複式簿記により計算された）利益を開示する」意味について考察する。

　特に本章では，情報の非対称性がもたらすモラル・ハザード問題に焦点を当てて議論をおこなう。これは，端的にいってヒトを頑張らせるにはどうしたらよいかという問題であるが，ここにおける会計利益の役割を確認する。結論的には，会計利益は，情報の非対称性そのものを解消することはできないが，セカンドベストとして，契約におけるインセンティブ設計の中で活用される。

└──────────────────────────────

キーワード：モラル・ハザード，エイジェンシー理論，変動給，契約の束，インセンティブ設計

1　ヒトはモノサシがあると頑張る⁉

　本章では，**情報の非対称性**が存在する場合の2つの弊害のうち，モラル・ハザードという問題に触れ，またそこにおける会計情報の意味について学ぶことにする（表7-1）。

　ここで考えたいのは，株主からして，経営者を頑張らせるにはどうしたらよいかということである。経営者が頑張り企業が儲かれば，株主はうれしい。よって株主は，経営者に頑張って経営してほしいと願う。では，一体どうしたら，経営者を上手くコントロールできるだろうか。結論的にいえば，会計利益がここで重要な役割を果たすのであるが，ここではその前フリとして，大学を1つの例にして，「ヒトはモノサシがあると頑張る（かもしれない）」ということを確認する。

　近年，大学関係者を震え上がらせている指標がある。それはなにかというと，「大学ランキング」である。

　これまで大学を巡る指標として有名なものとしては，「**偏差値**」というものがあった。これは本来は，あくまで受験生の視点から，いわば「大学入学の難易度」の指標として機能するものであるが（筆者も大学入試で，この偏差値にどれだけ振り回されたことか……），これが時として，受験生目線を超えてしまい，社会の中での「大学の格づけ」や「順位づけ」のようなものとして機能していたのである。しかしながら，多くの大学教員にとってみれば，（もちろん，自分の所属する大学の偏差値が高いに越したことはないが）しかし教員自身の努力ですぐにどうにかなる指標ではないから，あまり気にする類のものではなかったよう

表7-1　情報の非対称性の2つのタイプ

非対称となる情報	「悪用」（生じる問題）のタイプ	学習する章
財の品質	アドバース・セレクション	←前章で学習済
経営者の行動	モラル・ハザード	←本章で学ぶ

に思われる。つまり，偏差値は，大学教員にとってみれば，自身の（研究・教育上の）努力と直接的に連動しているものではないから，大学の偏差値を1ポイント上げるために，自分の研究を頑張るとか，教育に工夫をするとか，そういったことはあまりみられなかった（と思う）。

　しかしここ最近は，受験生目線でなく，大学の総合的な力（研究力や教育資源，国際化の度合いや，はては大学の財政面まで）を直接的に測ろうという試みが世界的になされており，これが「**大学ランキング**」である。さまざまな組織によりさまざまな大学ランキングが作成されているが，日本の大学は，どのランキングによっても，残念ながら世界の中であまり高く評価されていないのが現状である。また，大学ランキングの「日本限定版」なるものも登場し，これまでの偏差値による日本の大学の格づけ・順位づけとは異なる順位が一般にも公表されるなど，その社会的な注目度も増している。

　ここでポイントとなるのは，これまでの「偏差値」と異なり，この「大学ランキング」は，研究力（論文の被引用回数など）や教育資源（学生1人当たりの教員数など），国際化度合い（留学生数など）などのように，大学の研究・教育・行政上の方策や変革と概ねリンクし，努力次第で大きく変わりうるいわば直接的な指標である点である。よって，多くの大学関係者（大学執行部）は，大学ランキングを何とかして上げなければ，とあれこれ思案し，たとえば，海外査読誌の業績を増やすよう教員に促したり，留学生数を増やすような方策を練ったりなど，まさに「大学ランキングを1ポイント上げるために，研究を頑張る」「教育に工夫をする」といったことが，業界全体で徐々に見受けられるようになってきているのである。

　大学関係者の中には，「このランキングに振り回される必要はない」とする声もないわけではないし（筆者もどちらかというとそのような立場である），過度に振り回されてしまうことは本末転倒であると思われるが，しかし「大学ランキング」なるものが社会に登場し，注目を浴びるようになることで，大学がそれを上げるべく研究や教育の水準を高める努力をおこなうようになること自体は，必ずしも悪いことではないだろう。

　ともあれ，社会に「誰かの努力とリンクするモノサシ」が登場することで，誰かの行動が大きく変わりうるというのは注目に値する現象である。このことを念頭に置きながら，次節以降では，株式会社，そして会計の議論に入っていこう。

2　株式会社における「所有と経営の分離」とモラル・ハザード問題

　本節では，株式会社がそもそも情報の非対称性を構造的に内包した仕組みであることを確認し，そこで起こりうる「弊害」について考えることにする。

　株式会社の特質としては，もちろんさまざまなものが考えられるが，特に会計との関連で重要なものとしては，「所有と経営の分離」を挙げることができる。すなわちまず，株式会社においては，所有する者と経営する者とが，仕組みとして切り離されている。これは，所有と経営の分離とよばれ，出資をする者と実際に経営に携わる者とが一致しなくてもよい状況を構築しておくことで，大規模資金調達の円滑化を可能にするための仕組みである。もし仮に，このような仕組みがなく（つまり逆に「所有と経営を必ず一致させなければならない」という状況で），経営に携わる者が必ず出資もしなければならない（また逆に，出資する者は必ず経営に関与しなければならない）とすると，経営上の優れたアイディアや手腕は有するが資金はない個人が存在した場合，その者の有する経営上のアイディアや手腕が社会的に有効活用されないおそれがある（同様に，遊休資金を有するが経営のアイディアや手腕を持たない個人が存在した場合に，その者の有する資金が社会的に活用されないおそれもある）。よって，このような「経営のアイディアや手腕」と「遊休資金」の社会的なマッチングを図るために，株式会社は，所有と経営の分離という仕組みを内包しているのである（図7-1）。

　ここで所有と経営の分離による株主と経営者の関係を，エイジェンシー契約（agency contract）ないしエイジェンシー関係（agency relationship）とよぶ。また，株主のように，意思決定権限（資金を運用し保全する権限）を委譲する立場をプリンシパル（principal）とよび，他方，経営者のように，権限委譲されプ

図7‐1　所有と経営の分離

リンシパルの利益のために行動する立場を**エイジェント**（agent）とよぶことにしよう（このような問題を取り扱う領域のことを，**エイジェンシー理論**（agency theory）とか，**契約理論**（contract theory）とよぶ）。

　ここで，所有と経営が分離していることは，プリンシパルたる株主の立場からすると必ずしもよいことばかりではない。なぜなら，所有と経営の分離により，株主は，エイジェントたる経営者がどのように経営をするのかについて，タイムリーかつ詳細に知ることから遮断されてしまうからである。株主は，自分の資金を他人に委ねるわけであるから，自分の投資した資金が，経営上どのように運用され，またどのように保全されているのかを知りたいと思うのは当然である。しかしながら，株主にとっては，経営者の行動を逐一観察するのは不可能である。もちろん，経営者に朝から晩までついて回って，ずっと一緒にいたら，経営者の行動スケジュールを知ることはできるかもしれないが，しかし，経営者が一生懸命頑張っているかどうかは見ただけではわからない。すなわち，第5章の**Column ⑭**でみたように，たとえば，取締役会において，経営者が目を閉じているとして，それが「一生懸命考えている」（努力水準は高い）のか，それとも「単に居眠りをしている」（努力水準は低い）のかは，はっきりいってよくわからないだろう（このことを，「努力水準は『**検証不可能**』である」とよんでおく）。つまり，ここでも，前章と同様，**情報の非対称性**が生じてしまっているし，更にいえば，前章の「財の品質」の場合以上の（見ても判断できないレベルの）非対称性が生じてしまっているのである（図7‐2）。

　そしてこの場合に，経営者は，どのような行動をとるだろうか。結論的にいえば，情報優位にある経営者は，そのような情報の非対称性を利用して自己の

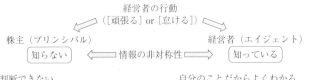

図7-2　経営者の行動に関する情報の非対称性

利益を優先させたいと考えるだろう。たとえば，一生懸命働くのは面倒だから，仕事を怠け，しかし業績が悪くなっても「それは景気が悪いせいで……」と言い訳をするかもしれない。もしくは，公私混同で会社のお金を自分に都合のよいように使って，株主の利益を減らしてしまうかもしれない。そしてこのような事態になったとしても，先に述べたとおり，エイジェントの行動は，観察できないばかりか，その努力水準（業務に対する一生懸命さ）の検証もできないため，その傾向（経営者の悪さ）はさらにエスカレートするかもしれない。このように，情報の非対称性のもとで，経営者が株主の意に反して努力水準を下げる，もしくは株主の利害を損なうかたちで自己の利益を優先させてしまう現象を，**モラル・ハザード**（moral hazard）とよぶ。

3　最適報酬デザインと会計情報——「お金でうまく釣る」方法を考える

では，一体どうしたら，そのような困った問題に対処できるだろうか。ここでは，経営者の評価の仕組み，特に経営者報酬をうまく設計することで，どうにかできないか考えてみよう。もちろん報酬以外にもさまざまな策がありうるだろうが，しかし，経営者が自ら進んで頑張るような仕組みとしては，「お金でうまく釣る」のが，てっとり早いといえる。ここでは，表7-2に示される3つのケースを考えてみる。

まず，ケース1として，経営者報酬を**固定給**，つまり，頑張っても頑張らなくても一定額報酬がもらえる仕組みにしたらどうなるか考えてみよう。結論的にいえば，これはモラル・ハザードに対して効果を有しない。なぜなら，経営

表7-2　経営者を「お金でうまく釣る」方法を考える

	経営者の報酬体系
ケース1	固定給
ケース2	努力に応じた変動給
ケース3	結果に応じた変動給

者にとっては，固定給のもとでは怠けてもお金がもらえる訳であるから，あえて頑張る理由はないからである。これはむしろ経営者にとっては願ったり叶ったりの仕組みであり，株主からすると「お金でうまく釣る」ことに失敗してしまっているといえる。

　次に，ケース2として，経営者報酬を**努力に応じた変動給**，つまり頑張れば頑張るほどそれに見合う報酬がもらえる仕組みにしたらどうなるか考えてみよう。結論的には，これはモラル・ハザード対策としてはもっとも望ましいが，残念なことに実現可能性に乏しい。すなわち，まず経営者からすると，もしこのような仕組みが導入されたとしたら，報酬を高めるために一生懸命頑張ろうとすることが予想される。このように経営者が頑張って経営をしてくれるのであれば，モラル・ハザード問題は解決する。つまり，株主にとっては，自らの利害とも一致し望ましいことである。

　しかしながら，この仕組みを実現することは非常に難しい。なぜなら，先に述べたとおり，経営者が本当に頑張ったどうかは検証不可能，つまり見てもよくわからないからである。たとえば，経営者の行動を随時監視できるような監視カメラを多数設け，経営者の活動を逐一モニターすることができたとしても，その画像を見て「あ，経営者は頑張っているな」とか「頑張っていない」ということは（もちろん，何となくはわかるかもしれないが），実のところはよくわからないだろう（もっとも，未来の社会において，「努力水準が判定できるスマート・ウォッチ」なるものが誕生して，経営者の腕にそれをつけさせることで，第3者が経営者の努力水準を逐一観察することができれば話は別であるが，生体情報から努力というものをどう判定するかは大きなネックとなろう）。

　このように，**努力に応じた変動給**は，株主からするとモラル・ハザード問題

解消という観点からもっとも望ましいといえるが，しかし，実現可能性に乏し
いということで難点がある。

　なお，この点は，第6章で述べたアドバース・セレクションと決定的に異な
るポイントである。先のアドバース・セレクションは，財の品質に関する情報
の非対称性を解消するような情報開示を考えることで，その弊害を解消するこ
とができた。しかし，モラル・ハザード問題においては，そう簡単にはいかな
い。もし仮に経営者の行動を逐一監視する仕組みが構築できたとしても，経営
者の行動が本当に株主のためのものかどうか，つまり経営者が株主のために本
当に努力しているかどうかは判定不能（検証不可能）であるため，モラル・ハ
ザード問題は解消し得ないのである。

　では，努力自体が見えない（検証することができない）とすると，一体どうし
たらよいだろうか。経営者の頑張りとある程度連動した指標があれば，それを
用いて報酬を決めることができれば，経営者を頑張らせることができるかもし
れない。そして，ここで登場するのが，ケース3の「結果」に応じた変動給で
ある。ここで「結果」としては，目に見える指標たる会計利益をつかうのがも
っとも特策であろう。

　会計で計算される企業の利益は，経営者が頑張って経営をすれば高まる可能
性があるし，そうでなければ低くなる。もちろん，ビジネスには，運の要素や
環境要因なども関係することから，会計利益は，経営者の努力とは完全には一
致しない（頑張っても報われないこともありうるし，またその逆もありうる）。しか
しながら，会計利益は，経営者の努力とある程度の関連性があるし，かつ，目
に見える指標であるという意味では，扱いやすい指標である（たとえば，「利益
の○％を経営者報酬とする」と目に見えるかたちで提示しやすい）。さらに，会計利
益が増えることは，株主にとっても配当の増加や企業の成長につながるなど多
くのメリットがあることから，会計利益を経営者報酬の基礎とすることは，株
主と経営者の利害を一致させることにもつながる。

　このように，目に見える指標たる会計利益を報酬契約に利用することは，経
営者の自発的な努力を促すことにつながり，（先のケース2には劣るが）次善の

策として（セカンド・ベストとして），モラル・ハザード問題を緩和することに
つながる。

　そして，このような会計情報が有する経営者に対するコントロール機能のこ
とを，経営者の業績評価の一指標として会計がエイジェンシー契約を支えると
いう意味で，財務会計の**契約支援機能**という。特に経営者と株主との間の利害
対立に焦点を置き，かつ両者のインセンティブに注目すると，会計利益は両者
の間の利害対立を（株主が経営者をコントロールするという意味で）調整する機能
を有することになる。

　なお，このようにモラル・ハザードの解消に対して，会計は完全な解決を図
る手段とはなりえないという点は，第6章で確認したアドバース・セレクショ
ンとの比較で重要なポイントとなる。また，だからこそ，モラル・ハザード問
題の解消には，会計利益だけでなく，企業の組織体制や統治体制・機能の拡充
など（いわゆるコーポレート・ガバナンス）もあわせて必要になるのである。

4　契約の束としての企業──インセンティブ設計の重要性

　このように，エイジェントたる経営者とプリンシパルたる株主の間の関係を
巡っては，会計利益が大きく役立つことが理解できるが，そもそも考えてみる
に，企業というものは，このような人間関係，そしてそれを支えるさまざまな
契約が入り組んだものといえる。たとえば，株主や経営者のほかにも，銀行な
どの債権者との契約，顧客や取引先との売買契約，従業員との契約，監査人と
の契約など，さまざまな人と契約とのつながりで企業は成り立っているといっ
ても過言ではない。

　この意味で，企業の本質は，**契約の束**（nexus of contracts）であると捉える
ことができる。これは，ノーベル経済学賞受賞者のコース（Coase）や，同じ
く経済学者のジェンセン（Jensen），メックリング（Meckling）などがとる考え
方であるが，このように企業の本質を捉えるならば，そこで結ばれる契約の効
率性が，企業価値を左右するといえる。そして契約の効率性を高めるためには，

適切なインセンティブ（incentive）設計が必要不可欠になる。ここでインセンティブとは，人が物事に取り組む意欲を，報酬を期待させて外側から刺激し高めるはたらきをいう。つまり，うまく「アメ」の期待を持たせ（同時に「ムチ」のおそれも暗に与え），人々を行動へと駆り立てるような刺激や仕組みをうまく設計することで，契約の効率性を高めることが企業価値向上に向けて重要なカギとなる。そして会計利益は，企業内のさまざまな契約におけるインセンティブ設計の中で活用され，契約の効率性を（そして，企業価値の向上を）左右するものとなっているのである。

5　モノサシばかりが先走ると──モノサシの弊害

　このように，「誰かの努力とリンクするモノサシ」を用いることが，モラル・ハザード問題の緩和をもたらし，効率的な組織設計・運営につながるのであるが，しかし，ここで留意すべき点がある。それは，モノサシに注目が集まりすぎて，皆がそれに振り回されてしまうと本末転倒である，ということである。

　たとえば，先の「大学ランキング」の例でいえば，大学教職員が何とかしてランキングを上げようと，抜本的かつ時間のかかる改革は先送りにして，短期的にできる本質的でない改革に走ることがあれば，それは学生のため，ひいては社会のためには望ましいこととはいえないだろう。その意味で，今後の大学改革のあり方，ひいては，大学教育のあり方を，長期的視野で議論していくことが求められるだろう（図7-3）。また，たとえば，企業でも，営業担当者の人事評価として成果主義を導入し，「今月の各自の売上ノルマの達成可否で給料を決める」ということになると，営業担当者は何とかしてそのノルマを達成しようとして，顧客が本当は望んでいない商品を無理に押し売りしたり，もしくは売上の数字をごまかそうとしたりするなど，会社にとって望ましくない行動をとってしまうおそれもある。これは経営者でも同じである。すなわち，会計利益で自分の報酬や評価が決まるとなれば，同じように「とにかく利益を上

図7-3　今後の大学教育はどうあるべきか（イメージ図）
出典：筆者撮影。

げなければ」と短期的な思考に陥ったり，利益数値をごまかそうとしたり，と
いった行動に流れてしまうおそれがあるのは容易に想像がつくだろう。

　このように，「誰かの努力とリンクするモノサシ」を用いる場合は，短期主
義や小手先の改革に陥りやすい（つまり，業績を図る一手段に過ぎなかったモノサ
シが，何よりも優先して達成すべき目的と化してしまう）ので，その点に留意した
インセンティブ設計を図る必要がある。

　この点に関連して，たとえば，ノーベル経済学賞受賞者のホルムストロム
（Holmstrom）は，経営者報酬のベースとしては，会計利益連動のみならず，株
価連動もあわせた両者のミックス契約が重要であると述べている。すなわち，
株価には，利益にすぐ織り込まれないような長期的な努力（たとえば，企業の研
究開発投資など）が織り込まれることから，これを報酬契約のもう一つの柱と
しておけば，経営者は，短期主義に陥ることなく，長期的な視野も併せ持って
努力をすることが予想される（かつ，経営者と株主の利害を一致させることもでき
るから，株主の利害に反する行動も抑止できる）。株価ベースの報酬の具体例とし
ては，たとえば，**ストック・オプション**が挙げられよう。このように，「モノ
サシの弊害」（モノサシが手段でなく目的化してしまうこと）を緩和するためには，

モノサシを一本化するのではなく，いくつかタイプの違うものを併用するというのも重要な視点である。

6　人の行動はおカネのためのみにあらず――実験による考察

ここで，本章を読んで，次のような疑問を持った読者もいるかもしれない。

「経営者も株主も，結局自分の儲けのことだけしか考えないのか……？　何だか寂しいな……」。

「世の中，結局おカネだけなのか……？」。

読者の皆さんのこのような疑問は，至極当然なものである。この疑問を，何とか解き明かす手法はないだろうか。実は，それこそが，経済実験である。たとえば，チューリッヒ大学のフェール（Fehr）らは，契約理論における最適報酬の決定問題について，プリンシパルが実際にどのように報酬を決め，またエイジェントはそれに対してどのように振る舞うかを実験で検証している（Fehr, Kirchsteiger, and Riedl 1993: 437-459）。たとえば，3で確認した「固定給」を前提にすると，理論予想としてはモラル・ハザードが発生し，エイジェントは最低の努力水準を選択するし（全く頑張らない），それを見越したプリンシパルは，エイジェントに対して最低の報酬（これを留保賃金という）を提示するという，いわば「最悪の事態」が発生する。しかしながら，このようなモデルの予想を実験で検証してみると，実際には，プリンシパルはある程度高い報酬をエイジェントに提示するし（エイジェントへの「ギフト」），エイジェントもそれに対して高い努力で応える（プリンシパルへの「ギフト」）という，あたかも両者がギフト交換をしているかのような関係が観察されるのである。これは，「ギフト交換パズル」（gift exchange puzzle）と名づけられ，このような現象が生じる理由は何なのかということが，多くの研究者の注目を集めている。その議論の中で，人は相手との不平等を回避したいという気持ち（**不平等回避**）や，相手の行動に報いたいという気持ち（**互恵性**）など，他者を思う気持ち（これらを総称して**社会的選好**という）から，実際の意思決定をおこなっていることが，多くの実験

─── **Column ⑮** 　会計利益の2つの役割 ───

　本章では，第6章に引き続き，会計が「（複式簿記により計算された）利益を開示する」意味について考察した。ここで，その意味を，前章で確認したアドバース・セレクションも含めてまとめると，表7-3のようになる。

表7-3　情報の非対称性の2つのタイプと会計の機能

場　面	非対称となる情報	「悪用」（生じる問題）のタイプ	利益の有する役割
市　場	財の品質	アドバース・セレクション	意思決定支援機能（非対称性自体の解消）
組　織	経営者の行動	モラル・ハザード	契約支援機能（非対称性それ自体の解消はできないが，セカンド・ベストとして機能）

　ここでのポイントは，どちらも同じく情報の非対称性が問題となっているものの　会計利益の役割が，「非対称性自体の解消」なのか，それとも「非対称性それ自体の解消はできない」ことを前提とするものかという点で，大きく異なる点である。本章と前章を比較しながら，この違いを味わってもらえたら幸いである。

　また，より進んだ論点として，同じ1つの利益で両方の役割を果たすことが可能なのか（それともそれぞれに適した利益の概念があって，それは全く別モノになるべきなのだろうか），といったことも，皆さんで考えてみてほしい。

研究により明らかにされつつある。

　またこれを発展させた「**行動契約理論**」（behavioral contract theory）では，人はおカネだけではなく，その他の要因でも行動することが明らかにされている。たとえば，上述の不平等回避や互恵性のほか，人は，組織への忠誠心や規範意識などによって，自らの行動を変化させることもあるが，アカロフ（Akerlof）らは，この発想を契約理論の中に取り込み（アカロフらはこれらの非金銭的要因を包括して「**アイデンティティ**（identity）」とよんでいる），「人はおカネだけではない」と考えた場合に，プリンシパルとエイジェントの関係性がどのように変わるかを分析している。

　であるから，先のような疑問を持った読者の皆さんの「直感」は，ある意味で正しいといえるし，むしろ，そこにこそ，新たな研究の萌芽があるともいえ

る。この「直感」を大切にしながら，次章以降に進んでいこう。

読書案内

Milgrom, P., and J. Roberts, 1992, *Economics, Organization and Management,* Prentice Hall.（ポール・ミルグロム，ジョン・ロバーツ，奥野正寛・伊藤秀史・今井晴雄・西村理・八木甫訳『組織の経済学』NTT 出版，1997年）。

＊本章4で登場した「契約の束としての企業」という考えも含め，現代の企業を分析するには，組織の経済学や契約理論の知識が必要不可欠となる。これらの点についての「古典」として読むべき文献の1つ。分厚いが，手元に置いておきたい1冊。

Hart, O. 1995, *Firms, Contracts, and Financial Structure,* Clarendon Press.（オリバー・ハート，鳥居昭夫訳『企業・契約・金融構造』慶應義塾大学出版会，2010年）。

＊ノーベル経済学賞を受賞したハートによる契約理論の古典。特に企業や金融の問題を考えるに当たり，このようなフレームワークが如何に有効かがよく理解できる。長らく日本語訳が出ておらず，原著でしか読めなかったのだが，長い年月を経てようやく翻訳本が出版された。こちらも，この領域の「古典」として読むべき1冊。

Akerlof, G. A., and R. E. Kranton, 2010, *Identity Economics : How Our Identities Shape Our Work, Wages, and Well-Being,* Princeton University Press.（ジョージ・アカロフ，レイチェル・クラントン，山形浩生・守岡桜訳『アイデンティティ経済学』東洋経済新報社，2011年）。

＊本章6で確認したアイデンティティ経済学の啓蒙書。「人はおカネだけではない」と考えた方，それを取り込んだ最先端の経済学に触れたい方に最適。

首藤昭信『日本企業の利益調整——理論と実証』中央経済社，2010年。
中村亮介・河内山拓磨『財務制限条項の実態・影響・役割——債務契約における会計情報の活用』中央経済社，2018年。
＊本章で示した財務会計の契約支援機能について，もう少し踏み込んだ研究をみ

てみたい方にオススメ。いずれも，実際のアーカイバルデータを用いて契約支援機能を分析した研究書。『日本企業の利益調整』は，契約支援機能と企業の利益マネジメントとの関係を分析。『財務制限条項の実態・影響・役割』は，まさに本章で確認した「経営者を頑張らせるための利益の活用」問題を，ハンドコレクト・データ（手集計で集めたデータ）を用いて分析する労作。いずれも難易度は高いが，研究者としての執念が感じられる熱い書籍。

佐藤紘光『業績管理会計』新世社，1993年。
＊モラル・ハザード問題から会計の契約支援機能を整理した良書。数式も出てくるなど，難易度は高く，上級者向けだが，本章の内容をより厳密なかたちで深めたい方は，是非トライしてほしい。

園田智昭『Q&A管理会計の最先端——より深く学ぶためのアプローチ』日本公認会計士協会，2019年。
＊本章で述べた問題は，企業経営や組織における会計情報の利用の仕方（「管理会計」とよばれる）の議論ともつながるが，この点について深掘りしたい方にオススメ。実務と理論との関係を踏まえつつ，最先端の管理会計を学ぶことができる。Q&A方式で話が進み，読みやすく，かつ，コンパクトにまとまっている。

参考文献

Fehr, E., G. Kirchsteiger, and A. Riedl, 1993, "Does Fairness Prevent Market Clearing ? An Experimental Investigation," *The Quarterly Journal of Economics*, 108(2): 437-459.
伊藤秀史『契約の経済理論』有斐閣，2003年。
Scott, W. R., 2006, *Financial Accounting Theory 4th,* Pearson Education Canada, Inc.（ウィリアム・R・スコット，太田康広・椎葉淳・西谷順平訳『財務会計の理論と実証』中央経済社，2008年）。

第Ⅳ部
制度のデザイン

第Ⅳ部では，会計の制度的側面に着目して，3つの視点（制度選択，情報の正確性，ガバナンス）から議論をおこなう。

　会計の大きな特徴を捉えるにあたり，忘れてはならないのは「制度性」というものである。これまでもみたとおり，会計をめぐる人間の行動は，ある部分では自発的なものであり，他方，ある部分では規制で強制することが必要となる。その際に，**「どのような部分に，どのような制度を選択するのか」**という問題（これを「**制度のデザイン**」とよぶ）は，社会において極めて重要なカギとなる。そこで第Ⅳ部では，この問題を3つの視点から学習する（詳細は下記の表を参照）。

表　制度のデザイン

章	テーマ	内　容
第8章	制度選択 (国際会計基準)	国が，どのような制度パッケージ（会計基準セット）を社会的に選択するかという問題を，ゲーム理論と実験で分析
第9章	情報の正確性	情報の正確性が少しでも狂うと，社会や組織はいとも簡単に崩壊してしまうおそれがあることを，ゲーム理論と実験で分析
第10章	ガバナンス	どのような部分に，どのようなレベルの規制を設計すれば，人間をより望ましい行動へと導くことができるのかについて，「ガバナンス」という観点から，ゲーム理論と実験で分析

本書全体の中での位置づけ

```
序章　人間の中へ　→　第Ⅰ部　新しい教養への準備          全体の議論の前提と
                    第1章　利益はマネジメントされる？      なる部分
                    第2章　ゲーム理論と経済実験の基礎

                    第Ⅱ部　会計の原初形態                会計の骨格ともいうべ
                    第3章　記録する社会                  きプロトタイプを描写
                    第4章　集約する社会
                    第5章　開示する社会

第Ⅲ部　会計利益と人間心理        第Ⅳ部　制度のデザイン
第6章　利益のある社会(1)          第8章　選ぶ社会
第7章　利益のある社会(2)          第9章　間違う社会
                                第10章　統治する社会

特に会計利益に注目して，その経      会計制度の望ましいデザインのあ
済的機能を2つの側面から深掘り      り方について3つの視点から議論

第Ⅴ部　新しい未来へ              終章                  未来の会計の新しい
第11章　ウソをつく社会            会計を超えて            教養を模索
第12章　AIとの共存社会           会計を理解する意義
```

第8章

選ぶ社会
──社会的選択としての会計──

まず考えてみよう

　複式簿記の仕訳の構造は「万国共通」であるが，会計の細かなルールは，（他の法律や制度が，国ごとに異なるのと同様に）どうやら国ごとに異なるらしい。

　これに対して，世界的にルールを調和化しようという流れもあるようだ。そもそもなぜそのような動きがあるのか？　またその動きは今後どうなるのだろうか？

アブストラクト

　現在，国際会計基準（IFRS）を中心に，会計ルールの国際的な調和化が進んでいる。そこでは，世界で1つだけの高品質な会計基準を構築することが目的とされ，また，現状では，100を超える国がIFRSを何らかのかたちで受け入れている。

　他方，このような世界的なIFRS推進の流れに対して，米国や日本は，IFRSを強制適用しているわけではなく，各国の足並みが必ずしも揃っているわけではない。

　本章では，世界における会計基準選択の問題を，ゲーム理論でいうコーディネーション・ゲームとして捉え，会計基準の国際的な調和化の今後の行方をモデルと実験で考えることにする。特に，「IFRSのみが世界で唯一高品質の会計基準である」というモデルを想定したとしても，会計基準が統一化されていく方向は，極めて困難であることが示される。

キーワード：社会的選択，国際会計基準，コーディネーション・ゲーム

1　会計のルールを考える——社会的選択と私的選択

　本章では，会計のルールについて掘り下げていくことにしよう。序章では，会計情報の需要と供給のプロセスについて述べたが，このプロセスにおける企業会計上の選択には，2つのレベルがある（図8-1参照）。
　まず第1は，「**社会的選択（social choice）**」である。ここで社会的選択とは，適用可能な会計方法の集合から，会計ルールとして何を選ぶか（何が選ばれるか）という選択問題（基準設定の問題）をいう。第2は，「**私的選択（private choice）**」である。ここで私的選択とは，経営者が，ある経済事象に対して，会計ルールの中からどのような会計処理方法を選び，情報利用者へ報告するかという選択問題をいう。
　この意味で，**制度会計とは，会計情報という経済財の需要と供給に関して，どのような社会的選択をおこなうかという問題**であるといえる。

2　グローバルなルールの社会的選択

　上記のフレームワークのうち，特に社会的選択の問題は，グローバル化の中で大きく注目されている。すなわち，現代はグローバルな時代であるといわれており，企業の経済活動も，そして投資家の投資活動も，国境を超えてなされている。そのような状況を背景に，会計ルールもグローバル化の波が押し寄せている。従来は，会計基準が各国によって異なり，そのような国ごとの多様性が認められる経済環境にあったのだが，近年は，企業経営や金融市場のグロー

図8-1　会計情報の需要供給プロセスと2つの選択

> ・日本基準（日本独自の会計ルール）
> ・米国基準（米国の会計ルール）
> ・国際会計基準（IFRS）
> ・「日本版」国際基準（日本流にアレンジした IFRS）

図8‐2　日本の上場企業が選択しうる4つの会計ルール

バル化により，会計基準の国際的な調和化が求められる状況になってきている。具体的には，現在，**国際会計基準**（IFRS: International Financial Reporting Standards）を中心に，会計ルールを調和化しようという流れがある。国際会計基準は，会計ルールの「世界標準」であり，現状では，100を超える国がこれを何らかのかたちで受け入れている。特に EU（European Union）は，域内の上場企業に対して全面導入するなど，その動きに積極的である。

　しかしながら他方，このような流れに対して，たとえば米国は，国際会計基準の全面導入をおこなっていないし，同様に日本も，一時は上場企業へ強制適用という方向で議論が進んでいたものの，現在は全面適用はなされていない。それどころか，何と日本は，4つの会計ルールが並存（混在？）しており，上場企業は自分の裁量でどのルールを自企業に適用するかを選ぶことができる状況にある（図8‐2）。

　このように，会計ルールの「世界標準化」は，一部ではうまく進んでいるものの，米国や日本などでは必ずしもうまく進展していない状況にあるといえる。

　そして，このような状況に対して，一体何が問題なのか，と疑問に思う読者もいるかもしれない。「会計ルールの違いは，単に言語の違いなのでは？」「英語を日本語に訳すレベルなのでは？」「フィートをメートルに直すレベルの議論なのでは？」と。

　しかし，実はそうではないのである。会計ルールの違いは，単に日本語を英語にしたり，フィートをメートルに直したりするようなレベルの議論ではない。実は，会計ルールの違いは，利益の質的な違いをもたらす。たとえば，同じ企業の同じ決算であっても，どの会計ルールを用いるかで利益額が大きく変わってしまうこともある。つまり，会計ルールの違いは，単なる形式論ではなく，

表8-1　のれんの会計処理方法

ルール	のれんの会計処理	利益への影響
国際会計基準	（業績不振にならない限り） 当初計上金額で計上し続ける	（業績不振にならない限り） なし
日本基準	毎年償却計算（資産減少&費用計上）	（毎期一定額を費用計上） マイナス

より質的なレベルでの問題なのである。

　ではなぜそんなことになってしまうのか。実は会計の利益は，一般的に思われているほど，答えがひとつに決まるようなものではないからである。たとえば，「のれん」（goodwill）というものに注目してみよう。「のれん」とは，合併・買収（**M&A: Mergers and Acquisitions**）時に，相手の会社を帳簿価額以上に高く評価した場合に生じる無形資産で，いわば相手の会社に対する「期待」部分と考えてよい。大型の M&A であれば，数百億円規模ののれんが生じることもあるが，この会計処理は，たとえば日本基準と国際会計基準とで大きく異なる（表8-1）。

　具体的には，日本基準では，この期待は時間の経過とともに減じると捉え，これを毎年償却計算する（少しずつ年度の費用として計上していく）。これに対して他方，国際会計基準では，特に買収した企業が業績不振に陥らない限り，これを費用処理することはしない（業績不振となった時は，減損処理をする）。この違いは，年度の利益額を大きく変化させる。たとえば，もし仮に M&A で200億円ののれんが生じたとすると，（これをいったん資産計上する点では基準間での違いはないが，その後）日本基準では，これを償却計算で毎年費用化していく。たとえば20年かけて徐々に費用として切り崩していくとすると，費用が年間10億円ずつ決算書に計上されることになる。10億円の費用が，しかも毎年自動的に発生することは，経営者にとってみればたまったものではない。それに見合うだけの収益を生み出せなければ，業績が赤字になってしまうかもしれないからである。これに対して，国際会計基準のもとでは，基本的にはそのような処理はしない。つまり，決算書の利益を圧迫することは（買収先企業が業績不振に陥

らない限り）ないのである。そしてそうであれば，日本基準のもとでは，企業は積極的なM&Aをためらってしまうかもしれないし，逆に，国際会計基準のもとでは，企業は特に会計上の利益を（少なくとも「償却」という意味では）気にすることなくM&Aをおこなうことができそうである。つまり，ルールによって，企業の経営戦略のあり方自体も変わってくる可能性がある。

　このように，会計ルールの違いは，単に形式的な違いを超えて，利益の額そのものを変えうるし，またさらには企業の経営戦略そのものを変えうる影響力を持つ。そうであれば，どのような会計ルールのもとで戦うのかということは，国のマクロ的な会計政策を考えるに当たって極めて重要な問題となるだろう。どのようなルールを社会的に選択したら，自国企業や投資家が便益を得ることができるのかという視点が，基準設定機関のなすルール選択において重要になるのである（ルールの重要性は，たとえばスポーツの世界と一緒かもしれない）。このように考えると，会計は，単なる形式の議論を超えた，いわば血の通ったものであることが理解できる。

3　会計基準の国際化のゆくえ——会計基準選択のゲーム理論

　前節では，会計の国際ルールを巡る議論が，単なる形式論を超えたものがあるということが理解できたが，ここで素朴な疑問として，各国はどのようなメカニズムで会計ルールを選ぶのか，またその結果，全体としては一体どのようなルールが「世界標準」になっていくのだろうか。

　ここでは，我々の「武器」であるゲーム理論と実験を使って，この問題を考えてみよう。これまで述べてきたように，既存の分析手法と比較して，ゲーム理論と実験は，「未来を描く力」を有している。たとえば，この問題についていえば，「世界に1つだけの会計基準」となりうる状況を創出することで，本当にそうなるのか，どうなったらそうなるのか，また，もしそうなった場合は何が起こるのかといった経済的帰結を事前に確かめることができる。このようなゲーム理論と実験のメリットを念頭に置きながら，会計基準の国際化の問題

企業活動	自国企業⇨海外子会社の決算書を取り込むことが容易に 海外での資金調達（上場）が容易に ⇨**企業活動の活性化**
投資活動	他国企業⇨自国に参入しやすくなる⇨**自国経済のさらなる活性化** 自国投資家⇨国境を超えた投資活動が容易に⇨**投資活動の活性化** 他国投資家⇨自国に参入しやすくなる⇨**自国市場のさらなる活性化**

図 8 - 3　他国と同じ会計基準にすることにより期待できる便益

を考えてみよう。

　ここでは「国（nation）」を 1 人のプレイヤーとして考え，「国」がどのように会計基準選択（社会的選択）の意思決定をおこなうかを考えてみる。ここで，会計基準の国際化のエッセンスとしてはさまざまなものが考えられるが，大事なポイントは，「他国と協調する（あわせる）か否か」という点にある。すなわち，グローバル化の中では，他国と同じ会計基準を使うことで，**ネットワーク効果**が効いて企業や投資家は大きなメリットを受けることができる。ここでネットワーク効果とは，多くの人がつながることから得られる便益をいい，この問題に関しては，たとえば図 8 - 3 に示されるような便益が期待できる。

　たとえば日本企業にとって，日本の会計ルールが，海外拠点（たとえば子会社のある国）の会計ルールと一緒であれば，子会社の決算書を親会社の決算書に取り込むのが容易となるし，また，日本だけでなく，海外拠点の証券市場で新たに上場し資金調達しようと考えた場合も，スムーズに対応できる（もし仮に，そうでなければ，日本ルールで作った決算書をその国の会計基準でもう一度作り直して，情報公開するという大変な手間をかけなければならなくなる）。

　さらに海外の企業が日本に参入しやすくなるため，日本に子会社を作ったり，また日本の証券市場で上場したりするようになれば，これは日本の経済にとっても大きな便益といえる。

　また，投資活動を考えてみると，日本の会計ルールが，他国の会計ルールと一緒であれば，日本の投資家は，国境を超えたグローバルな投資活動が容易となり，投資活動の活性化につながる。さらに，海外投資家が日本の証券市場に参入しやすくなることで，日本の証券市場が活性化する。

表8-2　コーディネーションゲーム①

		米　国（プレイヤー2）	
		会計ルールA	会計ルールB
日　本 （プレイヤー1）	会計ルールA	2, 2	0, 0
	会計ルールB	0, 0	2, 2

　このように，会計基準選択の問題は，このようなネットワーク効果のもとで，他国と如何に協調するかが重要なカギとなることがわかる。

4　コーディネーション・ゲームとしての会計基準選択

　ここで，「他者と同じだとうれしい」メカニズムは，ゲーム理論では，**コーディネーション・ゲーム**として捉えることができる（表8-2）。たとえば，会計ルールAと会計ルールBが存在しており，2つの国が，AとBどちらのシステムを選択するか意思決定をおこなう状況を考えてみる。そして，各国（たとえば，日本と米国など）は，他国と同じ会計ルールを選択すると，先に述べたネットワーク効果などのベネフィットを得られるものと仮定する（ここでは，この場合のベネフィットを単純に「2」と仮定する）。この場合のゲームの利得表は，表8-2のようになる。

　表8-2に示されるとおり，両者が同じルールを用いることでベネフィットを得ることができるような状況では，以下の2つが純戦略ナッシュ均衡になる。

　　　　（日本の戦略，米国の戦略）＝（会計ルールA，会計ルールA）
　　　　（日本の戦略，米国の戦略）＝（会計ルールB，会計ルールB）

　ここでのナッシュ均衡は，要するに，Aであれ，Bであれ，どちらであっても「他国と同じだとうれしい」という状況になっている。このようにルールAとBに特に特徴がなければ，均衡（相互作用の行き着く先）は，「日本も米国もルールAを選ぶ」か「日本も米国もルールBを選ぶ」ということになる。

表 8 - 3　コーディネーションゲーム②——既に各国がルールを有している場合

| | | 米　国（プレイヤー 2） | |
		日本基準	米国基準
日　本 （プレイヤー 1）	日本基準	2, 1	0, 0
	米国基準	− 1, − 1	1, 2

　このゲームを更に拡張させよう。現実的には，各国がすでに何らかの会計ルールを有していると考えるのが自然である。そこで，いま①「ルール A」を日本基準，「ルール B」を米国基準とし，**両国とも A もしくは B を既に有していること**，②そのため，**もし自国ルールを相手国の会計ルールに変更する場合にはコスト「1」がかかること**，という 2 つを追加の仮定としよう。この場合の利得表は，表 8 - 3 のようになる。

　表 8 - 3 に示されるとおり，この場合は，以下の 2 つが純戦略ナッシュ均衡となる。

（日本の戦略，米国の戦略）=（日本基準，日本基準）

（日本の戦略，米国の戦略）=（米国基準，米国基準）

　上記のように，この場合も，日本基準であれ，米国基準であれ，どちらであっても**「他国と同じだとうれしい」という状況**になっている。しかしながら，ここで注目したいのは，「日本基準で一緒」か，「米国基準で一緒」かで，両国の利得が非対称になっている点である。具体的には，まず一方，日本は，そもそも日本基準を採用しているので，全体としても日本基準で統一されたほうが（つまり，米国が日本基準を選択してくれるほうが）より望ましいこととなる。上記の数値例でいえば，日本基準で一緒になる場合の日本の利得は 2，米国基準で一緒になる場合の日本の利得は 1 であるから，日本にとっては，前者のほうがより望ましい帰結となる。他方，米国も，そもそも米国基準を採用しているので，全体としても米国基準で一緒になったほうが（つまり，日本が米国基準を選択してくれるほうが）より望ましいこととなる。

表8-4　コーディネーションゲーム③──IFRSのジレンマ

		米　国（プレイヤー2）		
		日本基準	米国基準	IFRS
日　本 （プレイヤー1）	日本基準	2, 1	0, 0	0, −1
	米国基準	−1, −1	1, 2	−1, −1
	IFRS	−1, −1	−1, 0	1, 1

　つまり，他国と同じ会計基準を用いること自体にはベネフィットが存在するため，他国の行動にあわせる戦略を採用することがお互いにとってベスト・レスポンスとなる（よってそのような戦略の組み合わせがナッシュ均衡となる）が，ルール変更コストを考えると，他国の会計基準にあわせるよりも，相手が自国の会計基準にあわせてくれるほうが，自国にとってはより望ましい帰結が得られるということになる。

　しかしながら，上記の設定は，あくまで自国の会計基準にあわせるか，他国の会計基準にあわせるかという既存の会計基準を所与とした二者択一の問題であった。これに対して，現実の国際会計基準を巡る問題は，既存の各国が採用する会計基準とは別の，新たな会計基準（これがまさにIFRS）を選ぶかどうかという問題である。

　そこで，上記のモデルを更に拡張して，**第3の会計ルール（IFRS）を新たな選択肢として追加したモデル**を考えてみよう（表8-4）。つまり，「自国基準を投げ打って，かつ相手の基準にあわせるでもなく，第3の道へ進む」という選択肢も含んだうえで，各国が自国の利得最大化のために，どの戦略を選ぶのか考えてみる。

　表8-4に示されるとおり，この場合は，以下の3つが純戦略ナッシュ均衡となる。

　　　　　（日本の戦略，米国の戦略）＝（日本基準，日本基準）

　　　　　（日本の戦略，米国の戦略）＝（米国基準，米国基準）

　　　　　（日本の戦略，米国の戦略）＝（IFRS，IFRS）

　上記のように，この場合も，どの基準であれ，「他国と同じだとうれしい」という状況になっているが，ここでまず注目したいのは，ゲームの均衡が3つある点である。つまり，たとえIFRSが選択肢として加わったとしても，必ずしも全世界の国々が，自然にIFRSに行き着く訳ではないということがここから理解できる。また，同じ均衡であっても，「既存の会計基準（日本基準 or 米国基準）で一緒」か，「IFRSで一緒」かで，世界全体の利得やその分配が異なる点にも注目したい。具体的には，まず「既存の会計基準で一緒」となる場合は，日米あわせた利得は合計3ポイントで最大となるが，各国間で利得に偏りが生じている（たとえば，米国基準で統一された場合，米国はコストを負担しないが，日本はコスト負担分だけ利得が減少している）。他方，「IFRSで一緒」となる場合は，各国間で利得に偏りがなく「公平」といえるが，しかし，日米あわせた利得は合計2ポイントで，「既存の会計基準で一緒」となる場合と比べて劣る。ここでは，「公平」（全てのプレイヤーにとって利得に偏りがない状況）と世界全体の利得最大化との間にトレードオフ関係があることが理解できよう。すなわち，全てのプレイヤーが自分の会計制度を投げ打って新たな会計制度を採用するというIFRSへの流れを推し進めることは，実は，世界全体の利得最大化が充たされないことになってしまうことが，モデルから理解できる。

5　世界は「唯一高品質な会計基準」に向かうか？

　このようにごくシンプルなモデルでも，IFRSへ向かうことが必ずしも必然的な帰結ではないということが理解できる。このモデルのよいところは，世界における各国の基準選択の問題をかなり大胆にシンプルにしているため，会計基準の品質やルール変更コストにいくつかのパターンを想定して，その影響をゲーム理論で予測することができる点である。

　ここでたとえば，「すべての国にとってIFRSのみが唯一高品質な会計基準である」という仮定をおいてみよう。現実にも，IFRSの設定機関であるIASB（International Accounting Standards Board）は，高品質な会計基準作りを

表8-5　コーディネーションゲーム④── IFRS のみが「高品質」である場合

| | | 米　国（プレイヤー2） | | |
		日本基準	米国基準	IFRS
日本 （プレイヤー1）	日本基準	0.5, −0.5	0, 0	0, −1
	米国基準	−1, −1	−0.5, 0.5	−1, −1
	IFRS	−1, −1	−1, 0	1, 1

目指しており，これは現実に即した仮定といえる。具体的には，IFRS で相手
と協調できた場合のみ「2」のベネフィットが得られるものの，他の会計基準
で協調できても「0.5」のベネフィット（コスト1を下回る）しか得られないと
仮定しよう。この場合の利得表は，表8-5のようになる。

　そして，そのような設定のもとでは，まずゲーム理論分析からは，「すべて
の国が IFRS に移行する」という状況（表8-5の一番右下の「1, 1」の部分。
「IFRS 均衡」と略す）だけでなく，実は「すべての国が自国基準を維持し続け
（何もせずに），国際的調和化が達成されない」という状況（表8-5の中央一番上
の「0, 0」の部分。各国が何もせず膠着状態という意味で「膠着均衡」と略す）に陥る
可能性も示唆される。これは衝撃的な帰結である。つまり，高品質な会計基準
が唯一存在する場合，そこに収れんするというのが直感に適うストーリーであ
るが，その他に，各国が何もせず膠着状態に陥るという別のストーリーもゲー
ム理論から予測されるのである。

　そしてさらに，経済実験によれば，事態はより深刻なことがわかる。**そもそ
もゲーム理論の均衡自体が成立しないのである**。筆者の研究グループでは，こ
の表8-5の利得表をもとにした経済実験をおこなっているのであるが（田口
2015：第2章を参照，実験の画面は図8-4を参照），実際にもっとも大きな達成率
となったのは，上記2つの均衡ではなく，「ある国が IFRS を採用するのに，
他国は何もしない（自国基準のままでいる）」という均衡と異なる状況であった。
これは，意図せざる帰結である。つまり，たとえすべての国にとって IFRS の
みが唯一高品質な基準であり，ある国（たとえば日本）がそれを採用しようと
しても，他国（たとえば米国）の自己中心的行動（自国基準のままでいるという戦

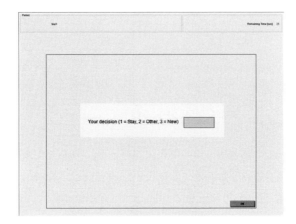

図 8 - 4　IFRS 実験の画面

略）のせいで，国際的調和化が達成されない可能性が，実験で示唆されるのである。

　なお，この原因としては，さまざまなものが考えられるが，その1つとしては，制度に対する粘着性（**歴史的経路依存性**）が挙げられる。つまり，人間は変化を嫌う生き物であるし，社会全体としても同様の傾向があることを，読者の皆さんも経験的に感じていることだろう。人は，いったんある行動や仕組みを採用したら，なかなかそれを変えることができないが，そのような性質が，社会的選択の場面においても顔を出してくるのである。

6　グローバル化を生きる会計

　このように，ゲーム理論と実験からは，「唯一高品質な基準」を作ったとしても，世界がそこに収れんしていくことは，必ずしも必然ではないということが理解できる。これは IASB の（高品質な基準を作れば，世界は自然にそこに収れんするであろうという）思惑に反する帰結である。

　以上を踏まえたうえで，結局どうすれば国際的調和化が達成できるだろうか，と改めて考えてみる。たとえば上記の設定では想定していなかった相互コミュ

ニケーションを導入すれば，各国の意思決定も変化し，均衡も変化するかもしれない。具体例でいえば，各国が基準選択に当たり，自国の利害だけでなく，会計ルールを作るためのルール（これをルールのルールという意味で，「メタ・ルール」という）を，各国間で事前に約束することができれば，国際的調和化は達成しうるかもしれない。そしてその議論の前提として，各国の基準の多様性を認め合うことも，同時に重要になるだろう。

　現在，グローバル化が進展する中で，「お互いの多様性を認め合う」ことの重要性が社会でも叫ばれているが，会計基準設定の場合もそれは同様である。その意味でいえば，たとえば，現在の日本は，前述のとおり，上場企業に関して4つの会計基準（日本基準，米国基準，国際会計基準，そして，日本版国際基準）が制度的に並存しているという一見奇妙な状況にあるが，これは実は国際的な会計統合に向けては，良好な制度環境にあるといえるのかもしれない。

読書案内

Aoki, M., 2001, *Towards a Comparative Institutional Analysis,* MIT Press.（青木昌彦著，瀧澤弘和・谷口和弘訳『比較制度分析に向けて』NTT出版，2003年）。

青木昌彦『比較制度分析序説——経済システムの進化と多元性』講談社学術文庫，2008年。

＊制度をゲーム理論の均衡と捉えたうえで，現実世界における制度の生成や崩壊をゲーム理論で分析する「比較制度分析」の金字塔的研究。1冊目が研究書，2冊目が新書（啓蒙書）であるので，2冊目で概略をつかんでから，1冊目にアタックするとよいかもしれない。本章における分析も，この比較制度分析をベースにしたものである。

飯田高『法と社会科学をつなぐ』有斐閣，2016年。

＊個人と社会，そしてルールとのつながりを，ゲーム理論を用いて見つめ直す良書。本書を読むと，ゲーム理論がルールの分析に親和性が高いことがよく理解できる。簡潔で読みやすい，オススメの1冊。

鈴木基史・岡田章編『国際紛争と協調のゲーム』有斐閣，2013年。

石黒馨『グローバル政治経済のパズル——ゲーム理論で読み解く』勁草書房，2019年。

＊国際政治の問題をゲーム理論で分析。国際会計基準の問題は，まさに国際政治の問題とリンクする。政治学において，ゲーム理論をどのように用いて分析するかは，会計学において，ゲーム理論をどのように用いて分析するかという問題を考えるうえでも参考になる。

Shavell, S., 2004, *Foundations of Economic Analysis of Law,* Belknap Press.（スティーブン・シャベル，田中亘・飯田高訳『法と経済学』日本経済新聞出版社，2010年）。

＊制度の意味を考えるうえでは，法学の知見との融合が必要となるが，近年，ルールのあり方や効果を経済学で分析する領域として，「法と経済学」（Law and economics）が注目されている。そして，その基本書というべきものがこの１冊。これを読むことで，制度を分析するのに経済学の考え方が大いに役立つことが理解できる。難易度は高いが，会計ルールの分析にも応用できるアイディアを得ることができる。

斎藤静樹『会計基準の研究』新訂版，中央経済社，2019年。

＊新しい時代の教養を身につけるためには，会計基準を単に丸暗記するのではなく，その背後にあるメカニズムを理解することが重要であることは，これまでも述べてきたとおりである。そして，本書は，実際の会計基準作りにも携わり，かつ，日本会計研究学会の会長も務めた研究者が，システムとしての会計基準の背後にあるメカニズムとその変化を探究する重厚な理論書である。こちらも難易度は高いが，会計基準に興味がある読者は，一度は読んでみてほしい。

参考文献

藤井秀樹『制度変化の会計学——会計基準のコンバージェンスを見すえて』中央経済社，2007年。

Sunder, S., 2002, "Regulatory Competition Among Accounting Standards Within and Across International Boundaries," *Journal of Accounting and Public Policy,* 21(3): 219-234.

田口聡志『実験制度会計論——未来の会計をデザインする』中央経済社，2015年。

第9章

間違う社会

——壊れてしまわないために大切なこと——

┌─ まず考えてみよう ─────────────────

会計では数字（金額）が決定的に重要である，というのはいうまでもないことであるが，ここで素朴に考えて，世の中にある重要な数字に間違いがあると，組織や企業（ひいては社会）は一体どうなるのだろうか。

┌─ アブストラクト ─────────────────

これまでの議論では，数字（金額）の重要性や社会的な意味について検討してきたが，ここで数字を間違えることがあったらどうなるのか，ということを踏み込んで考えてみる。

本章では，その検討のヒントとして，ゲーム理論のモデルのうち，公共財供給ゲームに焦点を当て，皆が協力するためには，やはり「情報の正確性」が決定的に重要になること，また情報が少しでも間違う可能性があると，たとえそれが意図的でなかったとしても，とたんに社会は揺らいでしまうおそれがあることを確認する。

キーワード：不正，誤謬，公共財供給ゲーム，社会的ジレンマ，不完全観測

1　「間違い」の2タイプ

　会計では数字（金額）が決定的に重要である，というのはこれまでみてきた
とおりいうまでもないことであるが，ここでは逆に，数字を間違えることがあ
ったらどうなるのか，ということを考えてみよう。

　世の中には色々な「間違い」や「過ち」が生じる余地があるが，特に人間心
理という観点からすると，その「間違い」が意図的なのかどうかということが
まずもって重要となる。会計の世界では，意図的な間違いを**不正**（fraud），意
図的でない間違いを**誤謬**（mistake）とよんで区別している（図9-1）。そして
本章では，後者，つまり「意図的でない間違い」が社会に生じるとどうなるか
を考えることにしよう。

2　公共財供給ゲーム――人の協力と社会的ジレンマ

　これまでみてきたとおり，会計数値は，財の品質であったり，経営者の業績
評価であったりなど，人や組織の評判や評価とも関わる重要なものであるが，
もし仮にそのような重要な情報に間違いがあったとしたら，世の中はどのよう
になるのだろうか。

　このことを考えるヒントとして，ここでは経済学のトップジャーナルの1つ
である**アメリカン・エコノミック・レビュー**（*American Economic Review*）誌
に掲載された**アンブラス**（Ambrus）と**グライナー**（Greiner）による実験研究を
取り上げる（Ambrus and Greiner 2012: 3317-3332）。

　具体的には，ゲーム理論における**公共財供給ゲーム**（public goods game）に

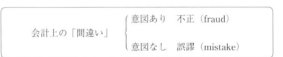

会計上の「間違い」 {
意図あり　不正（fraud）
意図なし　誤謬（mistake）
}

図9-1　不正と誤謬

```
┌─────────────┐
│ ①公共財への投資 │  複数のプレイヤー（通常は 3・4 人）が，初期保有（たとえば20ポイン
└─────────────┘   ト）のうち，いくらを公共財に投資するか意思決定

    例：A さん⇨ 6 投資　B さん⇨ 2 投資　C さん⇨ 1 投資
┌─────────────┐
│  ②便益決定  │  全員からの総投資額により，公共財が生み出す便益が決定（たとえば総投
└─────────────┘   資額の 2 倍になると仮定）

    例：A・B・C からの総投資額＝ 9 ⇨公共財が生み出す便益＝18
┌─────────────┐
│  ③分　配  │  公共財からの便益を全員で均等に享受し，プレイヤーの利得が決定
└─────────────┘

    例：公共財が生み出す便益18　⇨ 3 人で均等分配（1 人当たり 6 ポイント）
  ∴ A さんの利得＝初期保有20－投資6＋分配6＝20
    B さんの利得＝初期保有20－投資2＋分配6＝24
    C さんの利得＝初期保有20－投資1＋分配6＝25
```

図 9 - 2　公共財供給ゲームのタイムライン

おいて，**不完全公的観測**とよばれる状況における経済実験をとおして，世の中の大事な情報（彼らの研究では，誰が協力したか，裏切ったかに関するシグナル）に時々間違える可能性があると，社会は「壊れる」ということを明らかにする。つまり，逆に社会が壊れてしまわないためには，世の中の大事な情報には（意図的でないにせよ）間違いがないようにする必要があることを確認する。以下では，そのモデルと実験について，順を追って説明しよう。

　彼らは，**公共財供給ゲーム**（public goods game）をベースにした実験をおこなっている。公共財供給ゲームは，グループの皆で力をあわせれば社会全体で大きな成果が得られるが，実は他者の働きに期待して怠ける（フリーライド（free ride）する）ほうが個人的には合理的という構造になっているゲームで，第 2 章で学習した「囚人のジレンマ」の多人数版と考えてよい。具体的には，図 9 - 2 のようなタイムラインとなる。

　図 9 - 2 に示されるとおり，まず，①公共財への投資として，複数のプレイヤーが，初期保有（たとえば 1 人20ポイントずつ持っているとする）のうち，いくらを公共財に投資するか意思決定し，それをうけて，②公共財が生み出す便益が決定される（たとえば総投資額の 2 倍が便益となると仮定する）。その後，③公共財からの便益を全員が均等に享受し，プレイヤーの利得が決定する。このゲームのポイントは，便益が均等に配分されるという点である。すなわち，そもそ

145

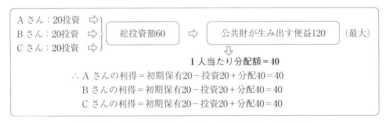

図 9 - 3　社会全体にとってのハッピー（パレート最適）

も**公共財**とは，経済学的には**非競合性**（ある人の消費が他の人の消費に影響を与え
ないこと）と**非排除性**（お金を払わない人を排除できないこと）を有する財をいい，
たとえば国防，治安，環境などが挙げられる。つまり，それにお金を払ってい
なくても，その便益を他者と同じように享受できる（通常の財であれば，お金を
払った人しかその便益を享受できない）というのが公共財のポイントである。

　この点を念頭に置きながら，人間行動を深掘りしていこう。ここでまず均衡
を求める前に，公共財が生み出す便益の総額が最大となるのは，一体どのよう
な状況か考えてみる。これは，社会全体がハッピーとなるのはどういう場合か，
ということであるが，結論的にいえば，全員が最大限の投資をする場合に，便
益の総額が最大となる。たとえば，図 9 - 2 の設定でいえば，A・B・C の 3 人
全員が20ずつ投資すると，総投資額は60となり，ゆえに公共財が生み出す便益
は120で最大となる（この場合の各プレイヤーへの分配額は40ずつであり，各プレイ
ヤーの利得も40となる）。よって，みんなが協力して全額の投資をすれば，社会
全体としては望ましい帰結（これを「**パレート最適**な状態」という）が得られる
（図 9 - 3 ）。

　これに対して，個人ベースでの合理的な「かしこい戦略」は何かを考えてみ
ると，これは実は「 0 投資」，つまり，協力せずにフリーライドすることであ
る。たとえば，図 9 - 2 の例でも，たくさん投資した A の最終的な利得は最小
（20）で，一番投資額が少なかった C の利得は最大（25）となっている。ここ
で，さらに極端な例として，たとえば A・B ともに20全額を投資（完全協力）
するものの，C だけが全く投資しない（フリーライドする）という状況を考えて

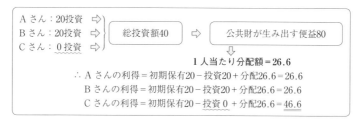

A さん：20投資 ⇨
B さん：20投資 ⇨　総投資額40　⇨　公共財が生み出す便益80
C さん： 0投資 ⇨

1 人当たり分配額 = 26.6
∴ A さんの利得 = 初期保有20 − 投資20 + 分配26.6 = 26.6
　B さんの利得 = 初期保有20 − 投資20 + 分配26.6 = 26.6
　C さんの利得 = 初期保有20 − 投資 0 + 分配26.6 = 46.6

図 9 - 4　個人ベースでの「かしこい戦略」はフリーライド

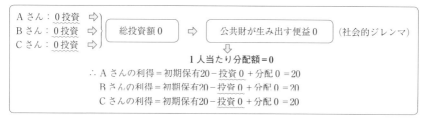

A さん： 0投資 ⇨
B さん： 0投資 ⇨　総投資額0　⇨　公共財が生み出す便益0　（社会的ジレンマ）
C さん： 0投資 ⇨

1 人当たり分配額 = 0
∴ A さんの利得 = 初期保有20 − 投資 0 + 分配 0 = 20
　B さんの利得 = 初期保有20 − 投資 0 + 分配 0 = 20
　C さんの利得 = 初期保有20 − 投資 0 + 分配 0 = 20

図 9 - 5　公共財供給ゲームの均衡：社会的ジレンマ

みよう（図 9 - 4）。

　ここで注目したいのは，フリーライドしたＣの利得である。図 9 - 4 に示されるとおり，Ｃの利得は「46.6」となり，Ａ・Ｂの利得「26.6」よりも高くなる。また，驚くべきことに，図 9 - 3 に示される社会全体にとってのハッピー状況（全員が協力する場合）におけるＣの利得（40）よりも高まっている。つまり，皆のことを考え全面協力するよりは，皆を裏切ってフリーライドしたほうが，個人ベースではオトクであるということが，図 9 - 3 と図 9 - 4 から理解できる。このように，他人の協力に任せて自分はフリーライドするというのが，このゲームにおける「かしこい戦略」といえる（そしてこのようなプレイヤーＣのことを「フリーライダー」（free rider）とよぶ）。

　そして，この「かしこい戦略」は，Ｃだけでなく，他のプレイヤーも同様に考えるところであろう。つまり，Ａも，Ｂも，同じように合理的に振る舞おうとするならば，上記のように「0投資」戦略を取ることになる。そして，皆がフリーライドしてしまうというのがゲーム理論的な均衡になる（図 9 - 5）。この場合，公共財が生み出す便益は 0 であるし，よって分配額も 0 となる（皆の

利得は，初期保有と変わらない状態となる）。このように，皆で協力すれば社会全体がハッピーになるのに，皆が個人ベースで「かしこい戦略」を追求しフリーライドしてしまう状況を，（囚人のジレンマの社会バージョンということで）**社会的ジレンマ**（social dilemma），もしくは，**フリーライド問題**という。

　以上が，ゲーム理論による予測であるが，このような公共財供給ゲームを，実際に実験してみるとどうなるであろうか。これまでの実験結果（特に，このゲームを何度も繰り返すようなタイプの実験）からは，最初は協力的なプレイヤーが多いものの，実験を繰り返していくうちに，徐々にフリーライダーが発生して均衡に近づいていってしまう，つまり，社会的ジレンマ問題が発生しやすくなるということが明らかにされている。読者の皆さんの中にも，現実のさまざまな組織グループやチームでの活動において，自分は一生懸命頑張っているのに，怠けて自分に頼ってくる仲間（まさにこれがフリーライダーである）に遭遇し，自分だけがたくさん仕事をするはめになりつらい思いをした，という経験がある方もいるかもしれない。これはまさに，現実世界における社会的ジレンマ（フリーライド問題）の１つといえよう。

3　正確な情報が協力を引き出す──社会的ジレンマとその解決

　では，このような社会的ジレンマの発生を防止するには，一体どうしたらよいのだろうか。実験経済学や社会心理学の領域では，この問題に対するさまざまな解決手段が議論されている。その１つとして有名なのは，「協力しない人を罰することのできる仕組み」を設けるというものである。具体的には，通常の公共財供給ゲームの後に，図9-6のような２つの仕組みを加えることで，社会的ジレンマを防止しようとするものである（これを「**罰則付き公共財供給ゲーム**」とよぶ）。

　図9-6に示されるとおり，全員がいくら投資したのか情報開示がなされ（追加ステージ1），さらには，そのような他者の投資額に関する情報をもとに，他のプレイヤーを，コストをかけて罰することができるという条件（追加ステ

通常の公共財供給ゲームの後に，次の**2つのステージを追加**

⇩

| 追加ステージ1 | 各プレイヤーの投資額に関する情報開示
各プレイヤーがいくら投資したのかという情報が全員に開示される |
| 追加ステージ2 | コストあり罰の実施
各人がゲーム参加者のうち誰か1人を罰すること（相手のポイントを3ポイント減じること）ができる
⇦但し，誰かを罰するにはコストがかかる（自分も1ポイント失う） |

図9‐6　罰則付き公共財供給ゲーム

ージ2）を加えることで，人間行動はどのように変化するだろうか。まず，**ゲーム理論の予想としては，残念ながら「全員がフリーライドする」ということで変化はない**。なぜなら，怠けた相手を罰することができるとしても，それにはコストがかかるため，自己の利得最大化を図る「かしこい戦略」に反するからである。よって，追加ステージ1のような情報があったとしても，誰も罰を行使しないし，かつそのことを全員が理解しているため，結局はフリーライド問題に陥ってしまうというのがゲーム理論の予想である。

　しかしながら，実際に実験をおこなってみると，このようなゲーム理論の予想に反して，均衡から乖離した行動がみられることが明らかにされている。具体的には，自分がコストを負担してでも相手に罰を与えるという（ある意味で正義感の強い）プレイヤーが登場し，またそのように罰が行使されるということを全員が理解することで，フリーライダーが減少していく，ということが多くの実験において観察されている。さらに，罰が強くなればなるほど（たとえば，相手のポイントを一気に6ポイント減じることができるような仕組みがあれば），それへのおそれから，実際に罰はあまり行使されないものの，皆の協力が増えるということも明らかになっている。

　このように，「コスト付き罰」というオプションを加えることで，フリーライド問題が（完全ではないにせよ，ある程度）解消されるということが，これまでの研究で明らかにされている。そして，**これを支える大前提となるのは，「情報開示」である**。すなわち，そもそも情報開示（図9‐6でいう「追加ステージ1」）がなければ，誰がフリーライダーかが特定できない（誰を罰するべきかわ

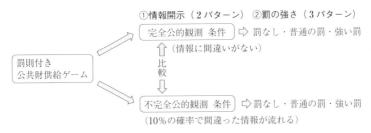

図9-7　アンブラスとグライナーの罰則付き公共財供給ゲーム実験の構造

からない）ため，「コスト付き罰」の仕組みは機能しない。つまり，ここでのプレイヤーの投資額に関する情報は，個々のプレイヤーの評判，ないし評価情報として機能することになる。このように，**情報開示の仕組みは，フリーライド問題解消に対して，大きな役立ちを有している**といえよう。

4　不完全観測

　アンブラスとグライナーの研究は，この罰則付き公共財供給ゲームをさらに深化させている（図9-7）。具体的には，①情報開示と②罰の強さに注目し，まず，①情報開示については，正しい情報がいつでも開示される場合（これを「完全公的観測」という）と，時々（実験の中では10%の確率で）間違った情報が開示される場合（これを「不完全公的観測」という）とを比較している。他方，②罰の強さについては，罰なし（通常の公共財供給ゲーム），普通の罰（コスト1で相手に3のダメージ），強い罰（コスト1で相手に6のダメージ）という3タイプを用意し，情報開示2パターン×罰の強さ3パターンで，合計6とおりの条件を設けて，それぞれ50回繰り返しのゲームを実験室実験で検証している。

5　時々間違うと社会は壊れる

　ここでまず注目したいのは，①の情報開示である。すなわち，（個々のプレイヤーの評判ないし評価情報として機能する）プレイヤーの投資額に関する情報が，

時々間違ってしまう場合に，一体何が起こるだろうか。たとえば，読者の皆さんが，実際には全面協力し20ポイント投資をしたにもかかわらず，「全く投資をしなかった」という間違った情報が他者に伝わってしまったとしたら（そしてそのことで，誰かに罰を加えられてしまったとしたら），一体どう思うだろうか。きっと多くの人は「濡れ衣をかけられてしまった……」と悲しい気持ちになって，次の投資を控えてしまうかもしれない。さらには「リベンジ（仕返し）」だと考えて，次の機会に誰かれ構わず罰を加えてしまうかもしれない。また逆に，そのように間違った情報が流布することを知っていたとしたら，罰する側としても「この人は，本当に協力しなかったのかな……？」と罰を行使することを少しためらってしまうかもしれない。このように「時々間違う」ことは，単純に「間違った情報で間違った意思決定をしてしまう」というレベルを超えて，プレイヤーの心理や行動に何か大きな（かつ計り知れない）影響を与えてしまいそうである。

　そして，彼らの実験結果は，まさにその直感どおりになった（表 9‐1）。まず，比較軸（ベンチマーク）となる「完全公的観測条件」（情報に間違いがない場合）では，これまでの実験研究と同様，罰が強まるほど皆の協力（平均投資額）は高まるというパターンに落ち着いた。そして，罰自体は実際にはあまり使われず（その存在だけで抑止力となり），各ラウンドの個人の最終取り分（平均純利得）も，強い罰になればなるほど高まるという結果になった。

　これに対して，「不完全公的観測条件」（情報に時々間違いがある場合）では，これとは少し異なるパターンがみられた。まず，プレイヤーの協力（平均投資額）については，先の「完全公的観測条件」と同様，罰が強まるほど皆の協力は高まるというパターンに落ち着いた。しかし異なったのは，個人の最終取り分（平均純利得）である。先の条件と異なり，「不完全公的観測条件」では，「普通の罰」の時に利得は最小となり（「19.10」），また「罰なし」と「強い罰」では利得はほとんど変わらず（統計的に有意な差はみられなかった。つまり，一般化できるほどの大きな差とは判定し得なかった），グラフでいうとちょうど「U 字」（両サイドが高く，中央が低い）を描く結果となった。

表9-1　実験の結果

		協力（平均投資額）		最終取り分（平均純利得）	
完全公的観測条件	罰なし 普通の罰 強い罰	増加	5.59 12.40 17.61	増加	22.80 23.66 25.45
不完全公的観測条件	罰なし 普通の罰 強い罰	増加	4.04 9.60 16.04		22.02 **19.10** 23.48　U字

出典：Ambrus and Greiner（2012: 3317-3332, Table 1）より筆者作成。

　では一体なぜこのような結果となったのであろうか。「不完全公的観測条件」における被験者の行動を観察してみると，まず「普通の罰」の場合，「罰なし」の場合よりも投資額は多くなるが，しかし**「罰」が実際に多用されてしまい**，その結果，差し引き分（罰をすることによるコストと，罰を受けることで失われる取り分）で平均純利得が大きく下がっていることがわかる。また，「強い罰」の場合でも同様のことが起こっている。すなわち，投資額は「罰なし」の場合よりも4倍近く増えているが，しかし実際に「罰」が多用されることで，平均純利得は（罰分が相殺されるかたちで）「罰なし」の場合と同レベルになってしまっている。

　このような①と②の状況は，先に述べたとおり，**情報が不確かなため**，「濡れ衣→リベンジ」が横行するなど，**相手をうまく信頼できずお互いが疑心暗鬼になることで，「罰」が有する象徴としての機能**（存在自体が抑止力となる，いわば事前的な「脅し」の側面）**が社会の中で失われてしまう**ことによるものであると考えられる。

　このように情報に間違いがない「完全公的観測条件」のもとではあまり行使されなかった（存在自体が抑止力となっていた）「罰」が，情報が時々間違う「不完全公的観測条件」のもとでは，実際に多用されてしまう結果，投資額自体は増加しても（皆の協力は生まれても），コスト分だけ個人の純利得を引き下げてしまうという意図せざる帰結が生じてしまうというのが，この実験が示唆する重要なポイントである。

これは，現実の世界に引き戻して考えるならば，次のように考えられよう。すなわち，組織や集団の中で，皆の協力が（何らかのかたちで）「見える化」され，かつ協力しない場合は，注意や減給がなされる仕組みが構築される。その結果，それなりに皆が協力するようになる。しかしその「見える化」のシグナルが時々間違うため（そして皆は，その間違ったシグナルを利用して，誤った他者評価をしてしまい，それに従った誤った注意や減給がなされてしまうため），皆の不満が爆発しお互いが疑心暗鬼になっている，という状況にたとえることができるかもしれない。もし仮にこのような「協力するけどみんな不幸」という状況に陥ってしまったら，きっと組織は壊れてしまうだろう。組織や集団を動かすために，協力を引き出す仕組みを設計することは重要であるが，しかしそれが構成員の不満をもたらしてしまっては本末転倒である。

6 社会が壊れてしまわないために大切なこと

アンブラスとグライナーの研究は，会計そのものの研究ではないが，しかし社会において人々の意思決定に資する情報が正確であることが，如何に重要かを物語っている。この実験では，間違いはたった「10％」の確率で起こり（90％は正しい），しかもそれは誰かの意図ではない（図9-1でいう「誤謬」である），という設定がおかれている。一見すると，たった「10％」の間違いは，たいしたことがない，些細なことのようにも思われる。しかもそこに意図がないなら，なおさらである。しかしながら実際には，人間心理に想像以上に大きな揺らぎを与えてしまうし，結果的に，組織ひいては社会全体を壊してしまうおそれすらあるというのは少し驚きの帰結といえる。

では，逆に社会を壊さないためには，一体何が必要とされるのか。この実験から学ぶべきは，何よりも**情報の正確性を目指す**ことであろう。意図的でないにせよ，情報に間違いがないようにすること，特に，人や組織，ひいては企業の評判につながる情報は重要である。たとえば企業の内部でいえば，お互いの相互チェックを促す**内部統制**（internal control）の仕組みなどは，そのような

正確性を高める 1 つの方策と捉えることができよう。では，この内部統制をがっちり固めれば，問題は全て解決できるだろうか。この点は，次章で検討しよう。

読書案内

山岸俊男『社会的ジレンマ――「環境破壊」から「いじめ」まで』PHP 新書，1990年。
＊社会的ジレンマ研究の第一人者によるわかりやすい新書。社会的ジレンマが，まさにその名のとおり社会のあらゆるところで発生する可能性があることを示唆している。

神取道宏『見間違えのあるくり返し囚人のジレンマ――私的不完全観測下の実験とトーナメント』三菱経済研究所，2016年。
＊本章でみたように，ゲーム理論における不完全観測の問題は，会計の問題を考えるうえでも大きな示唆を与えてくれる。この点をさらに，「私的」不完全観測へと拡張し，かつ繰り返し囚人のジレンマを基礎に掘り下げているのがこの 1 冊。会計そのものではないが，情報というものの本質を捉えたい方に最適。最先端の研究内容であるが，ブックレットで，かつ著者のわかりやすく丁寧な語り口により，読んでいるうちに，この世界にどんどんと引き込まれていく。

亀田達也編『「社会の決まり」はどのように決まるか』勁草書房，2015年。
＊ゲーム理論と経済実験を用いて「社会の決まり」の決まり方を考える実験社会科学領域の編著本。上級者向けだが，社会的ジレンマについての最新の研究も収録されており，読んでおきたい 1 冊。

大槻久『協力と罰の生物学』岩波書店，2014年。
＊社会において協力行動を導くためにはどうしたらよいのか，という問題について，人間社会と動物の社会とを対比させながら，進化ゲーム理論を用いて分析する。岩波科学ライブラリーの 1 冊であり，とても読みやすい。

Bowles, S., and H. Gintis, 2011, *A cooperative species : Human reciprocity and its revolution,* Princeton University Press.（サミュエル・ボウルズ，

ハーバート・ギンタス，竹澤正哲・大槻久・高橋伸幸・稲葉美里・波田野礼佳訳『協力する種——制度と心の共進化』NTT 出版，2017年）。

＊本章で論じた協力行動は，人間の利他性などいわゆる社会的選好とよばれる概念ともつながっていく。本書は，人間の利他性の起源を，ゲーム理論やシミュレーションなどを用いて，人間の内集団バイアス（身内に優しく，身内以外に厳しい）や互恵，文化伝達や戦争などの論点も交えて分析する。ヒトの他人を思う気持ちを数理的に明らかにしており興味深い。難易度は高いので，上述の書籍を読んだあとに手に取るとよいかもしれない。

参考文献

Ambrus, A., and B. Greiner, 2012, "Imperfect public monitoring with costly punishment: An experimental study," *American Economic Review*, 102(7): 3317-3332.

第10章

統治する社会

——ガバナンス・倫理・社会規範——

┌─ まず考えてみよう ─────────────────────────────
　世の中にある不正をなくすには，一体どのような制度をデザインするのが社会的に望ましいのだろうか？　規制を強化すればするほど，世の中はよりよいものになるのだろうか？
└───────────────────────────────────────

┌─ アブストラクト ─────────────────────────────
　第9章では，意図的でないにせよ，情報に間違いがあると社会が壊れる可能性があることを学んだが，本章ではさらに，意図のある間違いを防止するには，一体どのような制度をデザインするのが社会的に望ましいのか考えることにする。たとえば，規制を強化すればするほど，世の中はよりよいものになるのだろうか。

　このことを考えるために，本章では，会計制度を大きく包み込むコーポレート・ガバナンス規制に注目して，規制の強さや形態の違いが，制度のパフォーマンスをどのように変えうるか検討することにする。結論的には，ガバナンス規制については，①一律強制するのではなく，何らかの「ひとひねり」が必要となること，また，②規制対象が，規制前にどのような機能を有していたのかを見極めた制度デザインが必要となることが明らかにされる。
└───────────────────────────────────────

キーワード：制度の失敗，コーポレート・ガバナンス，会計倫理，内部統制，
　　　　　　監査リスク，エビデンス

157

1　繰り返される会計不正──制度の失敗の原因は何か

　本章では，会計不正を背景とした「**制度の失敗**」の原因を，会計制度を大き
く包み込む**コーポレート・ガバナンス規制**を具体例として考察することにする。

　前章で確認したとおり，世の中の「間違い」は，意図的な間違いである**不正**
と，意図的でない間違いである**誤謬**とに区別することができた（図10‐1）。そ
して前章では，特に後者，つまり意図的でないにせよ，情報に間違いがあると
社会が壊れる可能性があることを学んだ。

　そしてそうであれば，**意図のある間違いは，なおさら社会を壊してしまうの
ではないか**，という素朴な疑問が湧いてくる。それでは，意図のある間違いを
防止するには，一体どうしたらよいのだろうか。また，第8章では，制度とい
うものが社会的に選択されるものである（人間が選ぶものである）ことを確認し
た。そうであれば，意図のある間違いを防止するには，一体どのような制度を
選ぶのが社会的に望ましいのだろうか。たとえば，**規制を強化すればするほど，
世の中はよりよいものになるのだろうか。**

　この点に関連して，近年，大規模な会計不正（意図のある間違い）が経済社会
を揺るがせており，会計や監査制度のあり方が大きく問われている。会計や監
査の制度は，本来的には不正を防止する方向で構築されているはずなのである
が，それがうまく機能していない状況にある（このような状況を「**制度の失敗**」
とよぶ）。これに対して，たとえば，米国や日本では，内部統制監査制度の導
入や，倫理規定の整備，ないし機関設計の再構築など，**コーポレート・ガバナ
ンス**についてのさまざまな制度が新たに導入されている。しかし，そもそもこ
のような規制は必要なのであろうか。また，もし必要であるとしても，どのよ

会計上の「間違い」　┌ 意図あり　不正（fraud）
　　　　　　　　　　└ 意図なし　誤謬（mistake）

図10‐1　不正と誤謬（第9章図9‐1再掲）

───　**Column ⑯**　コーポレート・ガバナンス ───

　「コーポレート・ガバナンス」（企業統治）とは一体何かという点については，さまざまな議論があるが，ここでは暫定的に，「**企業におけるプリンシパルの利得のためのエージェントの規律づけ**」と定義しておくことにする。つまり，第7章でみたエイジェンシー契約の話を少し広く捉えたもの（どうやって経営者を規律づけ，誠実に頑張らせるかという問題）と考えておこう。

　また，コーポレート・ガバナンスは，マイナス面の防止（企業が法令を遵守してまっとうなビジネスをおこなうよう規律づける「適法性」や「公益性」といった観点）とプラス面の促進（効率的にビジネスをおこなうよう規律づける「効率性」の観点）という2つの側面を有するが，本章は，主に前者（マイナス面の防止）に注目して議論することにする。

うな規制であれば，実効力のあるものになるのだろうか。

　このような問題意識を背景にしつつ，実際に制度の失敗の原因や規制の実効性の検証をおこなっていくには，一体どうしたらよいだろうか。そこで登場するのが，これまでみてきたゲーム理論と実験である。すなわち，制度の失敗の背後には，人間の意図が大きく関わっていると考えられるが，このような状況を分析するには，そもそも制度を巡るプレイヤーが誰であり，どのようなインセンティブを有しているのか，またプレイヤー同士の相互作用によりどのような帰結が得られるかという整理が必要となる。これはまさにゲーム理論が得意とするところである。ゲーム理論では，現在成立している（成立していた，あるいは，成立しようとしている）制度を，多くの選択肢の中の1つとして捉え，ある制度が生成される社会的選択のプロセスにおいて，その制度ではない体制を採ることがほかに選択肢として存在している中で成立している（いた）ものと捉えるため，複数の社会的な「仕組み」を同一次元で比較することが可能となる。また，そのようなモデルをデータで検証する作業が，次のステップで重要になるが，そこで登場するのが実験である。実験によれば，前提となる設定やデータ環境を自由にハンドリングできるため，ゲーム理論モデルを直接検証することができるし，更には実際の人間の振る舞いや心理にまで踏み込んだ分析

が可能となる。

　これらのことを念頭に置いて，続く2と3では，規制のパフォーマンスについて，具体例を挙げ，ゲーム理論と実験で分析してみよう。2では会計倫理の問題を，3では内部統制監査制度の問題を，それぞれ取り上げることにする。

2　会計倫理の制度化——強制か，選択適用か？

　本節では，コーポレート・ガバナンスの中でも，**会計倫理**の問題について考えてみる。会計不正に対処するためには，経営者をどのように規律づけるかという点が重要なカギとなるが，近年，その1つの手段として「会計倫理」の重要性が叫ばれている。たとえば米国では，会計倫理規程を企業内に構築させ，その整備状況を開示することを法的に定めているが，このような制度は，実際にはどのような効果があるのだろうか。

　この点について，デビッドソン（Davidson）とスティーブンス（Stevens）は，会計系トップジャーナルの1つである**アカウンティング・レビュー**（*The Accounting Review*）誌において，「**信頼ゲーム**」をベースにゲーム理論と実験でこの問題に接近している（Davidson and Stevens 2013: 51-74）。

　信頼ゲームは，第3章でもみたとおり，投資家（送り手）と経営者（受け手）とのお金の投資・運用・分配を簡略化したゲームであり，投資家の投資額は信頼性の指標として，また経営者の送り返す分配（返戻）額は互恵性の指標として，それぞれ捉えることができる（図10-2参照）。

　そして，彼らは，このゲームにいくつかの条件を加えた実験をおこなっている（図10-3参照）。

　まず@は，「規程なし条件」であり，通常の信頼ゲームを何の制約もなしにおこなうものである。次に，ⓑの「規程あり＆強制条件」は，「倫理規程」（「私は誠実に行動します」という宣誓書のようなものをイメージするとわかりやすい）が存在し，かつ，それが経営者に対して制度的に一律強制されているような状

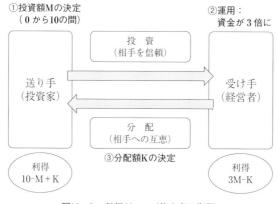

図10-2　信頼ゲーム（第3章の復習）

ⓐ規程なし条件（制度なし）
ⓑ規程あり＆強制条件（強制）
ⓒ規程あり＆承認条件（選択適用）

図10-3　デビッドソンとスティーブンスによる実験——3つの条件比較

況である。実験では，経営者役の被験者全員に「倫理規程」をコンピュータ上で強制的に見せてから信頼ゲームをおこなうというものである（またそのことを，投資家役の被験者全員が知っている）。最後にⓒの「規程あり＆承認条件」は，「倫理規程」の設置自体に関して選択の余地がある状況である。実験では，まずⓑと同様に，経営者役全員に「倫理規程」をコンピュータ上で見せ，その直後に「承認ステージ」として，経営者全員に対して，当該規程を受け入れるかどうかの選択をおこなわせてから（受け入れるかどうかは任意であり，その承認結果が相手に伝わる），信頼ゲームをおこなうというものである。

　まず，ゲーム理論によるモデルの均衡は，第3章でみたとおりバックワード・インダクションにより求めることができ，「倫理規程」の有無や強制の有無にかかわらず，いずれも「投資家の投資額＝0」かつ「経営者の返戻額＝0」となる。

　それに対して，実験の結果は一体どのようになったのだろうか。特に，投資

表10‐1　倫理規程付き信頼ゲームの実験結果

	ⓑ規程あり＆強制条件	ⓒ規程あり＆承認条件
投資家の投資額 （経営者への信頼）	ⓐより減少	ⓐより増加
経営者の返戻額 （投資家への互恵）	ⓐより減少	ⓐより増加

家の信頼と経営者の互恵がもっとも高くなったのは（投資家と経営者がよりよい関係を構築できたのは），一体どの条件においてであろうか。

　ここで，彼らの実験結果を，特にベンチマークとなるⓐの規程なし条件との比較に注目してまとめると，表10‐1のようになる。

　表10‐1からは，以下の２つが読み取れる。まず第１は，「規定あり＆承認条件」（選択適用）の有効性である。ここで，ⓒ「規程あり＆承認条件」では，投資家の信頼性と経営者の互恵性のいずれもが，ⓐより増加している。つまり，「倫理規程」が存在し，かつその採択について選択の余地があることが，投資家の投資を活性化させ，また，経営者の互恵性も増加させたのである。では，一体なぜそのような状況が構築されたのだろうか。彼らによれば，「**条件付き手がかり**」（situational cues）の存在が効いているという。これは，何かある状況を想起させる「きっかけ」や「手がかり」をいう（単純にいえば「こころのスイッチ」と考えてもらえばよい）。倫理規程も，ただ単に強制されるだけでは経営者の誠実さを想起させる「手がかり」にはならないが，承認プロセス，つまり「選択の余地」があえて設けられることで，人々の注意が喚起され，社会規範が活性化される（具体的には，投資家は，「この経営者は誠実に振る舞うのだな」と想像し，また他方，経営者は，「承認したからには，誠実に振る舞わなければならない」とこころのスイッチが入る）。このように，社会的な選択の余地自体がオプションとして価値を生み，有効に機能するというのがここでの重要なポイントである。

　また第２は，強制の逆効果である。ⓑの「規程あり＆強制条件」では，投資家の信頼性と経営者の互恵性のいずれもがⓐより減少している。これは，彼ら

によれば，「社会の期待」により説明できるという。すなわち，もし倫理規程が存在するにもかかわらず，それが強制に過ぎない結果，経営者の行動が伴わない（互恵的に振る舞わない）としたら，投資家の経営者に対する期待は裏切られる。そして裏切られた投資家は，当然のことながら，次の機会には投資を控える。投資額が減少するなら，経営者は，更に互恵的に振る舞わなくなる。そして，それが悪循環を生み出す。これに対して，ⓐの「規程なし条件」では，そもそも相手に対する相互期待が存在しないことから，このような悪循環は生まれない。このように，会計倫理も一律強制されてしまうと，意図しなかった逆効果が発生してしまうのである。

　以上のように，規制は単に強制するだけではうまくいかないケースもあり，制度設計上の「工夫」が求められる可能性がある。そして，どのようなケースでうまくいかず，またどんな工夫が有効なのかを検討する際に，実験研究は極めて有効といえる。すなわち，実験研究の強みは，さまざまな仕組みのパフォーマンスを直接的に比較・評価することができることにあり，この点，現実の制度設計に対して大きな役立ちがあるといえよう。

3　内部統制監査制度の逆効果——内部統制監査制度は監査リスクを増やす⁉

　本節では更に，**内部統制監査制度**を題材に，規制を強化することが本当に会計不正への対処として有効なのかを考えてみよう。たとえば，米国では，2000年代初頭に大型会計不正が生じたことを背景に，企業の**内部統制**（企業内部の組織体制）を整備・運用し，かつその状況を開示する責任が経営者に課されている（**内部統制報告制度**）。内部統制は，社内の相互チェックにより，基本的には誤謬を減らす効果があるが，特に近年はその役割期待が拡大し，意図ある不正にも対処しうる仕組みとして注目されており，経営者に重い義務が課せられている。さらに監査人が，その経営者の取り組みをチェックする**内部統制監査制度**という非常に厳しいルールも課されている（現在，日本も米国を後追いし，類似の制度を導入している）。つまり，監査人は，財務諸表の数字をチェックす

図10-4　経営者と監査人：内部統制に関する新たな責任

るだけでなく，その財務諸表を作るプロセスに関する企業の組織体制のチェックもおこなうことになっているのである（図10-4）。

　ここでは，このような新しい（そして厳しい）規制が，本当に効果があるのか，また，もし効果がある（効果がない）なら，なぜそうなのか素朴な疑問が湧いてくる。これらの点について，ゲーム理論と実験でアタックしているのが，筆者らの研究グループである（田口・福川・上枝 2013）。具体的には，パターソン（Patterson）とスミス（Smith）による「**内部統制監査ゲーム**」（Patterson and Smith 2007: 427-455）をもとに，「制度あり条件」と「制度なし条件」とを比較する実験をおこなっている。

　ここで，ゲームのタイムラインは，図10-5のようになる。

　ゲームのプレイヤーは，監査人と経営者の2人であり，ゲームは大きく4つのステージからなる。まず①経営者は，正直タイプ（H）と不正直タイプ（D）とに分類される（図10-5①の「『自然』が……」という主語は，ゲーム理論独特の言い回しであるが，要するに，確率的にどちらかのタイプになる，という程度に捉えておけばよい）。そのもとで，②経営者は，「内部統制の強度 s」と「不正量 α」という2つの変数を決定する。ここでのポイントは，不正直タイプの経営者は，自由に s と α を決定しうるが，正直タイプの経営者は，最強度の内部統制（$s=1$）と最低の不正量（$\alpha=0$）を常に選択する（つまり，内部統制を適切に構築し，かつ，不正を一切しない）と仮定されている点である。次に，③監査人は，まず Step 1 で，「統制テストの水準 e」を決める。統制テストとは，内部統制の構築・運用度合いをチェックすることであり，e を高くすればコストはかかるが，経営者の選択した内部統制の強度 s に関して，より精度の高いシグナル h を得ることができる。このシグナルを観察後，監査人は，Step 2 で「実証テストの水

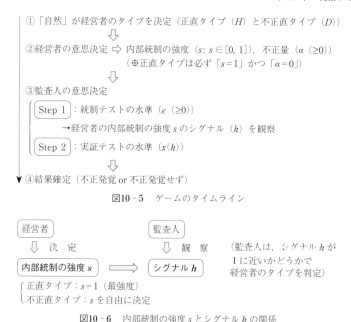

①「自然」が経営者のタイプを決定（正直タイプ（*H*）と不正直タイプ（*D*））

②経営者の意思決定 ⇨ 内部統制の強度（$s: s \in [0, 1]$），不正量（α（≥ 0））
　　　　　　　　　　（※正直タイプは必ず「$s=1$」かつ「$\alpha=0$」）

③監査人の意思決定

Step 1：統制テストの水準（e（≥ 0））
　　　→経営者の内部統制の強度 *s* のシグナル（*h*）を観察
Step 2：実証テストの水準（$x(h)$）

④結果確定（不正発覚 or 不正発覚せず）

図10-5　ゲームのタイムライン

経営者　　　　　　　　　　監査人
⇩　決　定　　　　　　　⇩　観　察　　（監査人は，シグナル *h* が
内部統制の強度 *s* ⟹ シグナル *h*　　　1 に近いかどうかで
　　　　　　　　　　　　　　　　　　　経営者のタイプを判定）
正直タイプ：*s*=1（最強度）
不正直タイプ：*s* を自由に決定

図10-6　内部統制の強度 *s* とシグナル *h* の関係

準 $x(h)$」を決める。実証テストとは，決算数値にエラーや不正がないかの検証であり，この水準を高くすればコストはかかるが，経営者の不正を見抜きやすくなる。最後に，④結果が確定する。

　このゲームのポイントは，経営者が決める内部統制の強度 *s* と，その（監査人側が確認できる唯一の）シグナル *h* である（図10-6）。**監査人は，経営者が正直者かどうかを判定したいが，強度 *s* そのものを直接的には観察できず，そのヒントたるシグナル *h* しか観察できない。**ここで，正直タイプの経営者は，内部統制の強度 *s*=1 を必ずとると仮定されていることから，**シグナル *h* の値が 1 に近いか否かによって，**監査人は経営者のタイプを判定することになる。そして，*h* の精度が高くなればなるほど，その判定も正確におこなうことができるため，監査人は，コストとの兼ね合いを図りつつ，経営者が正直者かどうかの「ヒント」たる統制テストの水準（精度を高くするために，時間をかけたり努力を費やしたりするレベル）を決め，その結果を実証テストに反映させる。他方，

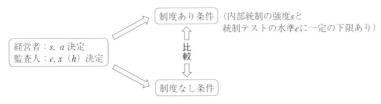

図10 - 7　内部統制監査ゲーム実験の構造

不正直タイプの経営者は，コストとの兼ね合いを図りつつ，ある程度内部統制の水準 s を高めて正直者のふりをしつつ，不正をおこなうということになる。

以上のモデルを前提に，筆者らは，何も規制がない「制度なし条件」と，「制度あり条件」（経営者にある一定水準以上の内部統制の強度 s を要求し，かつ，監査人にもある一定水準以上の統制テストの水準 e を要求する条件）を実験で比較検証している（図10 - 7）。

また，その実験結果は，表10 - 2 にまとめることができる（ここでは，「制度なし条件」に対して，「制度あり条件」の各パラメータが増加するか否かを表で示している）。

表10 - 2 からは，以下の２つが読み取れる。まず第１に，**内部統制監査制度は，監査リスクを上昇させる**（少なくとも，監査リスクが減少するとはいえない）という点である。ここで，**監査リスク**（AR: audit risk）とは，財務諸表に重大な不正があるにもかかわらず，それを見逃してしまう可能性であり，要するに「**監査の失敗**」**の可能性**である。そしてこれが，「制度なし条件」から「制度あり条件」になることで上昇してしまう（少なくとも減少しない）ということは，内部統制監査制度が当初意図したとおりには機能していないということを意味する。

ここで特に重要な要因は，「内部統制の強度 s」の動きである。内部統制監査制度導入により，正直な経営者も，不正直な経営者も，総じて内部統制の強度 s を一定以上に上げざるを得なくなるため，経営者のタイプを見分ける唯一の手段であったシグナル（内部統制の強度）は意味をなさなくなる。つまり，内部統制に関する規制の強化（内部統制監査制度の導入）は，これまで経営者のタ

表10-2　内部統制監査制度導入の効果（モデルの予測と実験結果）

	モデルの予測	実験結果
不正量 α	↓減少	↑増加
内部統制の強度 s	↑増加	↑増加
監査リスク（AR）	↑増加	↑増加

出典：田口・福川・上枝（2013：第11章，図表14・19）を一部改変。

イプを見分ける唯一の手段であったシグナルを無効化してしまうおそれがあり，その結果，監査人が相手のタイプに応じた効果的・効率的な監査ができなくなってしまうというのが，この実験の示唆するところになる。

　また第2は，モデルの予想に反し，内部統制監査制度は，不正量 α も増加させてしまうという点である。これはモデルでは予想しされなかった，実験によりはじめてわかった意図せざる帰結である。この理由は，経営者が，他の経営者行動や監査人の状況を織り込んで，より戦略的に行動したことによる。すなわち，経営者にとって，実証テスト実施前に，監査人側に自分のタイプが伝わる可能性がある唯一の「媒体」は，シグナル h である。しかし，「制度あり条件」のもとでは，上述のように，それは意味をなさなくなる。つまり，規制が存在する状況では，他の経営者も総じてシグナル h を上げるため（他の経営者行動の予想），その結果，監査人はどの経営者が正直かを判別できなくなる（監査人の状況の予想）。そして，そのことを織り込んだ不正直タイプの経営者は，よりアグレッシブに，内部統制の強度 s を高めて誠実な経営者のふりをしたうえで，不正量 α をより高める行動をとることができたのである。

　以上のように，規制により強化される要因が，規制がない状態ではどのような機能を有しているのかをきちんと見極めたうえで，制度を設計する必要があるといえる。たとえば，日本でも，内部統制の整備・運用状況だけを捉えた場合は，むしろ「お手本」となっていた企業が，実は大型会計不正をおこなっていたことが発覚して大きな話題となった。内部統制監査制度が必ずしも不正を減らすわけではないことの具体例として，我々はここでの知見を肝に銘じておく必要があろう。

4　エビデンスのある制度設計を目指して

　本章では，会計不正を背景とした「制度の失敗」の原因を，会計制度を大きく包み込むコーポレート・ガバナンス規制を具体例として考察した。その結果，会計不正に対処するという観点からすると，ガバナンス規制については，①単に一律強制するのではなく何らかの「ひとひねり」が必要となること，および，②規制対象となる要因が，規制前にどのような機能を有していたのかをきちんと見極めたうえで制度をデザインする必要があることが明らかになった。

　制度の社会的選択という視点でいえば，単純に厳しい規制を社会的に選択すれば，世の中はよりよいものになるというわけではないし，その形態の違いや「工夫」1つで，制度のパフォーマンスが大きく変わりうるということが理解できた。

　近年，制度設計の場面において，医学における EBM（evidence-based medicine. エビデンスをもとにした診療方針選択）と同じように，エビデンスで政策を決定するという **EBPM**（evidence-based policy making）という発想が注目されており，**未来をエビデンスで語ることの重要性**が叫ばれている。

　会計の世界でも同じことがいえる。いま，エビデンスに基づいた会計・監査制度設計を EBA（evidence-based accounting）とよぶならば，この EBA の考え方が今後重要となるし，ゲーム理論や実験から得られる知見は，そのエビデンスの1つになり得るだろう。特にここで重要となるのは，実験の未来志向性である。つまり，実験の大きな強みは，仮想の制度空間をつくり，その中での人間行動を測定することで，実際に制度がなくても（たとえこれから構築する予定の新しい制度であっても），当該制度の有用性や意図せざる帰結を検証することが可能となる点である。このように人間行動に即したエビデンスを制度設計の場へ提案することが可能となる点で，実験研究は重要な意味を持つといえる。

―― **Column ⑰**　コーポレート・ガバナンス・コード ――

　現在，日本では，上場企業を対象にした「コーポレート・ガバナンス・コード」（以下，「CG コード」と略す）とよばれる新たな規制が注目を集めている。これは，上場企業に対して，いくつかのガバナンス上の原則を課すものの，それを一律強制するのではなく，「コンプライ・オア・エクスプレイン」（comply or explain）（原則に対応する場合はその旨，対応しない場合にはその理由を説明する）という手法により，企業の自発的な取り組みを促すものである。

　このような「ゆるやかなガバナンス」の発想は，（ガチガチの法律を企業に課す「ハードロー」に対して）「ソフトロー」とよばれている（藤田編 2008）。そして，本章の知見からすると，このようなソフトローにより，企業の自発的な取り組みを促すことには，一定の効果が見込まれそうである。もちろん，CG コードそのものの政策評価については，今後，実際のデータを用いた実証研究が待たれるところであるが，このような規制の方向性について，今後我々も注目しておく必要があろう。

読書案内

河野勝編『制度からガヴァナンスへ――社会科学における知の交差』東京大学出版会，2006年。
＊ガバナンスという概念は，政治学，法学，行政学などさまざまな領域において用いられているが，そのような多義性を有するガバナンスについて，さまざまな領域の研究者が議論を重ねる名著の１つ。本章のコーポレート・ガバナンスの定義は，本文献によるものである。サブタイトルの「知の交差」にふさわしく，本書では，多様な視点から議論することの重要性を学ぶことができる。

Sunstein. C. R., 2013, *Simpler : The Future of Government,* Simon & Schuster.（キャス・サンスティーン，田総恵子訳『シンプルな政府――"規制"をいかにデザインするか』NTT 出版，2017年）。
＊本章では，規制のあり方として，特に強い規制がよいのか，弱い規制がよいのかといった点を中心に議論した。この点について，行動経済学ではどのような議論がなされているのかに関心のある方にオススメの１冊。本書の著者のサンスティーンは，ハーバード大学ロースクールの教授で，米国オバマ政権において，実際に制度のデザインにも携わった経験を持つ。特に，ナッジ（背中を少

し押してあげるような仕組み）の観点から，規制における「選択アーキテクチャ」（選択の余地を踏まえたシンプルな規制）の重要性が示唆されており，これは，本章2でもみた「条件付き手がかり」の議論とも相つうじるところである。

三輪芳朗・柳川範之・神田秀樹編『会社法の経済学』東京大学出版会，1998年。

田中亘『数字でわかる会社法』有斐閣，2013年。

＊コーポレート・ガバナンスの問題を理解するうえでは，会社法の知識は必要不可欠である。第8章の読書案内で掲げたシャベル『法と経済学』とあわせて，上記の2冊はオススメ。前者の『会社法の経済学』は，法と経済学の見地から，会社法のさまざまなルールを分析した日本での金字塔的文献である。後者の『数字でわかる会社法』は，会社法の入門書であり，特に多数の当事者が登場する会社法を，企業を巡る「数字」をカギとして説明する1冊であり，会計の議論とも親和性が高い（会計を説明する章もある）。

加藤達彦『監査制度デザイン論』森山書店，2005年。

福川裕徳『監査判断の実証分析』国元書房，2012年。

＊本章でみたような会計監査のゲーム理論・実験分析について興味を持った方には，上記2冊をオススメしたい。いずれも研究書であるが，本書と共通した問題意識を持った研究である。

太田康広編『分析的会計研究』中央経済社，2010年。

＊日本語文献で，会計や監査のモデル分析研究をもっと味わいたい！という読者にはこの1冊。レベルが高く上級者向けだが，ここでもゲーム理論モデルが会計研究で用いられていることが理解できる。

参考文献

Davidson. B. I., and D. E. Stevens, 2013, "Can a Code of Ethics Improve Manager Behavior and Investor Confidence ? An Experimental Study," *The Accounting Review,* 88(1): 51-74.

藤田友敬編『ソフトローの基礎理論』有斐閣，2008年。

Patterson, E. R., and J. R. Smith, 2007, "The effects of Sarbanes-Oxley on auditing and internal control strength," *The Accounting Review*, 82(2): 427-455.

田口聡志・福川裕徳・上枝正幸「内部統制監査制度のパフォーマンスに関する実験研究に向けて――内部統制監査制度は，監査リスクを低下させるか？」日本会計研究学会特別委員会編『監査論における現代的課題に関する多面的な研究方法についての検討（最終報告）』2013年，159～190頁。

第Ⅴ部
新しい未来へ

第Ⅴ部（新しい未来へ）では，会計の新しい教養のあり方を捉えるために，ウソ，および AI という 2 つをテーマに議論をおこなう。まず第11章では，ヒトの「ウソ」をカギとして，人間の利己性や社会性に迫り，翻って会計の本質にアタックすることにする。他方，第12章では，AI をカギとして，会計の多様性や未来のあり方に迫ることにする。そして最終的には，新しい時代における会計の教養とは一体何かという問題に接近することにしたい。

表　第Ⅴ部の全体像

章	テーマ	ねらい	最終ゴール
第11章	ウソ	人間の利己性や社会性に迫り，翻って会計の本質にアタックする	新しい時代における会計の教養とは一体何かという問題に接近する
第12章	AI	会計の多様性や未来のあり方に迫る	

本書全体の中での位置づけ

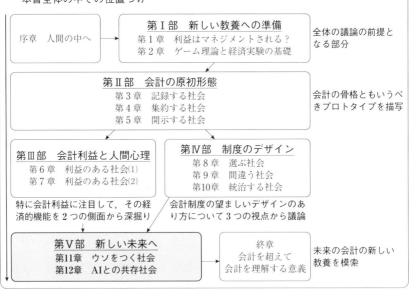

第11章

ウソをつく社会
——ヒトの本質に迫る——

┌ まず考えてみよう ─────────────────────────
　そもそもなぜ人は真実を歪め，ウソをつくのだろうか？　ウソをつく人（つ
かない人）のインセンティブは，一体どこにあるのだろうか？
└─────────────────────────────────────

┌ アブストラクト ─────────────────────────
　近年の「フェイク・ニュース」の問題など，人の「ウソ」は，どんなにテク
ノロジーの進んだ未来社会においても，人の根源と関わる重要な問題であるが，
これを考えるヒントとして，ここでは「人はどんな時にウソをつかないのか」
という問題を考えてみる。そして，この問題を取り扱うメッセージ送信ゲーム
実験の結果から，人のウソは富の変化と密接に関連しており，特に，ウソをつ
くことによる自分の利得だけでなく，相手の損失とも関連（つまり自分と他人
との間のある意味での「分配」とも関連）していることが理解できる。よって，
人の「他者を思う気持ち」を喚起する仕組みが構築できれば，ウソは回避しう
る可能性がある。
　ただし，ここに「時間」という概念を加えると，議論は少し複雑になり，こ
のようなウソ回避が「ウソのエスカレーション」効果で無効化されてしまう可
能性があることが，時間軸を入れ込んだ実験から示唆される。そしてこれに対
処するには，エスカレーションのきっかけとなる「不正の小さな芽」を未然に
摘む必要性がある。
└─────────────────────────────────────

キーワード：ウソ，メッセージ送信ゲーム，ウソ回避傾向，社会性，ウソのエ
　　　　　　スカレーション

1　人はなぜウソをつくのか

　現代は，何かわからないことがあってもインターネットで調べれば，すぐに
検索できるような便利な時代であるが，しかしインターネットの情報の中には，
「フェイク・ニュース」など，ウソや誰かの意図で歪んだ情報が紛れていること
とを，我々はよく理解しておかなければならない。その意味でも，現在は，ウ
ソか本当かがわかりにくい時代であるし，さらにこれからテクノロジーが進化
していくと，そのような側面はますます色濃くなっていくのかもしれない。

　このような中で考えておきたいのは，そもそもなぜヒトはウソをつくのか，
という根源的かつ人間の本質に迫る疑問である。ここでもし仮に，ヒトがウソ
をつくメカニズムを明らかにすることができれば，逆に，ウソをつかないため
の制度をデザインすることができるかもしれないし，そしてそれが達成できれ
ば，究極的には，未来の人間社会をよりハッピーなものにすることができるか
もしれない。

　筆者は，こういった人間の根源的な問題に接近しようとする姿勢やマインド
こそが，これからの時代の教養に求められるのではないかと考えている。すな
わち，どのようにしたら人間の根源にアプローチすることができるのか，そし
てどうしたら人間の本質を知ることができるのかという問いは，極めてハード
ルの高い難問であるが，しかし難問であるがゆえに，それを自問自答していく
姿勢は，より深い人間理解につながっていくものといえよう。そして深い人間
理解は，きっと，AIなどの新しいテクノロジーが進化した未来社会において
も，きっと人間にしかできないことなのではないだろうか。

　本章では，本書の趣旨に即した，まさに人間にしかできない（かもしれな
い？）問題にアプローチすることにしよう。

プレイヤー1 （送り手）
どちらかのメッセージを送る
正　直ⓐ「選択肢Aのほうがあなたにとってよい」
ウ　ソⓑ「選択肢Bのほうがあなたにとってよい」

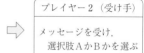

プレイヤー2 （受け手）
メッセージを受け,
選択肢AかBかを選ぶ

実際の利得構造

	1の利得	2の利得
選択肢A	5	6
選択肢B	6	5

図11-1　メッセージ送信ゲームの設定

2　人はどんな時にウソをつかないのか

　とはいえ,「人はなぜウソをつくのか」という問いを解き明かすのはとても難しい。そこで,これを考えるヒントとして,「人はどんな時にウソをつかないのか」という問題を考えることにしよう。

　素朴に考えると,たとえば,人は他者に「あなたは正しい人だ」と思われたいような場合（他者からの評判を気にする場合）,もしくは,ウソによって誰かをひどく傷つけてしまうような場合は,もしかするとウソを回避するかもしれない。いずれにせよ,ここでは他者との関係性が1つのカギになりそうであるが,経済学界のトップジャーナルであるアメリカン・エコノミック・レビュー（*American Economic Review*）誌掲載のグニーズィ（Gneezy）の実験研究は,ごくシンプルなメッセージ送信ゲームによって,この問題にアプローチしている（Gneezy 2005: 384-394）。そこでまずモデルの設定を確認しよう（図11-1）。

　図11-1に示されるとおり,ゲームのプレイヤーは2人であり,プレイヤー1がメッセージの送り手,プレイヤー2がメッセージの受け手（かつ,2つの選択肢から1つを選ぶ役割）である。利得構造としては,選択肢Aが選ばれるとプレイヤー1の利得は5,プレイヤー2の利得は6となり,他方,選択肢Bが選ばれるとプレイヤー1の利得は6,プレイヤー2の利得は5となる。つま

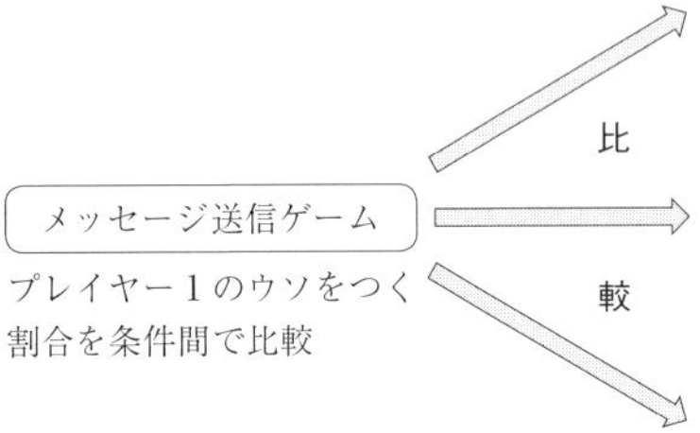

条件1の利得構造（ベースとなる条件）

	1の利得	2の利得
選択肢A	5	6
選択肢B	6	5

条件2の利得構造（利得大）

	1の利得	2の利得
選択肢A	5	**15**
選択肢B	**15**	5

条件3の利得構造（非対称）

	1の利得	2の利得
選択肢A	5	**15**
選択肢B	6	5

メッセージ送信ゲーム
プレイヤー1のウソをつく
割合を条件間で比較

比

較

図11-2　グニーズィのおこなった実験のデザイン
出典：Gneezy（2005: 384-394）をもとに筆者作成。

り，どちらかを選ぶ役割を担うプレイヤー2にとっては，選択肢Aのほうが望ましいものの，他方，メッセージを送るプレイヤー1にとっては，選択肢Bのほうが望ましい（選択肢Bをプレイヤー2に選ばせたい）という利害対立の構造となっている。また，上記の利得構造を，プレイヤー1は知っているがプレイヤー2は事前的にも事後的にも知り得ないものと仮定する（よって，事後的にもプレイヤー1のウソはばれることはない）。つまり，利得構造に関する事前・事後の情報の非対称性が存在するので，プレイヤー1としては，ウソをついても自分の評判は傷つかない設定になっている（自己の評判を気にすることでウソを回避するという動機を，実験の設定により排除している）。

　このような状況下で，プレイヤー1はどのように振る舞うであろうか。素朴に考えると，この設定では，プレイヤー1は，メッセージⓑ，つまりウソのメッセージを送ることで，プレイヤー2を自分に有利な選択肢に誘導したいと考えると予想できる。

　ここでグニーズィは，このようなゲームを基礎として，いくつかの利得構造を用意し，それらを比較する実験をおこなっている（図11-2）。

　条件1はベースとなる条件（統制群）であり，それをもとに条件2や条件3への拡張がなされている。いずれの条件においても，選択肢Aのほうがプレイヤー2にとって望ましい利得構造になっている。

　条件2は，利得が大きくなっているケースである。ここで，もしプレイヤー1がウソのメッセージⓑを送り（「選択肢Bのほうがあなたにとってよい」），プレイヤー2がそのまま選択肢Bを選んだとしたらどうなるだろうか。これを，正直なメッセージⓐを送った場合（そしてプレイヤー2がそのまま選択肢Aを選んだ場合）と比較してみると，以下のようになる。まずプレイヤー1は，選択肢Aと比べて10の追加的な利得（15-5＝10）を得ることができるのに対して，他方，プレイヤー2は選択肢Aと比べて10の追加的な損失（5-15＝-10）を被ってしまうことになる。つまり，プレイヤー1にとっては，ウソによる自分の追加的なベネフィットも大きいが，相手の追加ダメージも大きいのがこの条件2といえる。

　また条件3は，金額が非対称となるケースである。ここでもプレイヤー1がウソをついた場合（で，かつプレイヤー2がそのまま選択肢Bを選んだ場合）を，正直なメッセージを送った場合と比べてみよう。まずプレイヤー1は，選択肢Aと比べて1の追加的な利得（6-5＝1）しか得ることができないのに対して，他方，プレイヤー2は選択肢Aと比べて10の追加的な損失（5-15＝-10）を被ってしまうことになる。つまり，プレイヤー1にとっては，ウソによる自分の追加的なベネフィットは小さいのに，相手の追加的なダメージが大きいのがこの条件3といえる。

　それでは，実験結果はどうなっただろうか（図11-3）。

　図11-3で示されるとおり，まずプレイヤー1がウソをついた割合がもっとも多かったのは，条件2（利得大）の52％であった。逆に割合がもっとも低かったのは，条件3（非対称）の17％であった。ここで注目すべき点は3つある。第1は，人間のウソ回避傾向である。そもそもこのゲームでは，プレイヤー1は全面的にウソをついても何ら不思議ではない状況にある。それにもかかわらず，全ての条件において，ウソをつかない被験者が少なからずいたことは注目

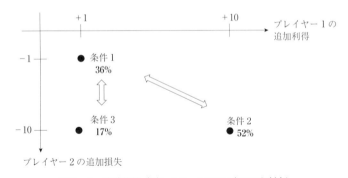

図11 - 3　実験結果（プレイヤー1がウソをついた割合）
出典：Gneezy（2005: 384-394, Figure 1）をもとに筆者作成。

に値する（たとえば，もっともウソが多かった条件2でも，48%（＝100%－52%）の被験者がウソを回避している）。

　また第2は，ウソをつくことで自分の利得が大きくなると，ウソが増えるという点である。これは，条件1と条件2との比較による。両者はどちらも，自分と相手の利得が対称的になっているが，条件1「ウソによる自分の追加的な利得が1のケース」よりも，条件2「ウソによる自分の追加的な利得が10のケース」のほうが，ウソをつく割合は大きくなっている（条件1：36%，条件2：52%）。これは直感にも適うところである。

　第3は，利得が非対称となる条件3において，被験者のウソが大きく減少していることである。これは，まさに「人はどんな時にウソをつかないのか」という問題に関係する大事な点であり，条件1と条件3との比較による。両者とも「ウソによる自分の追加的な利得は1」という点では同じであるが，ウソによる相手の追加損失が異なる。すなわち，条件1は「ウソによる相手の追加的な損失が1のケース」であり，他方，条件3は「ウソによる相手の追加的な損失が10のケース」である。そして，後者のほうが，ウソをつく割合はより小さくなっていることがわかる（条件1：36%，条件3：17%）。このように，**ウソによる自分の追加的なベネフィットは小さいのに，相手の追加的なダメージが大きい場合には，人はウソをより回避する傾向がある**ことがわかる。

以上のように，人がどんな時にウソをつく（つかない）かについては，富の変化と密接に関連しており，特に，ウソをつくことによる自分の利得だけでなく，相手の損失も考慮して（つまり自分と他人との間のある意味での「分配」に反応して）意思決定がなされていることが，グニーズィの実験研究からは理解できる。

3　ウソを防止する制度設計を目指して

　ここで，前節で得られた知見をもとに，ウソを防止する制度を設計するには，どうしたらよいか考えてみよう。端的にいえば，「分配」に着目した制度設計が，ウソをなくすことにつながる可能性があるといえる。すなわち，グニーズィの実験研究は，要するに「『自分がウソをついたら相手が大ケガをする』ことが予測される時には，ウソが抑制される」ということを示唆している。これは，まさに人間の社会性や他者との関係性が重要であることを改めて物語っているといえるが，そうであれば，事前に「他者の大ケガっぷり」に注意が向かうような何らかの仕組みを作ることができれば，ウソを未然に防ぐことができるのかもしれない。

　では，具体的には，どのような仕組みが考えられるだろうか。たとえば，経営者にとって，会計不正をすると，（自分への罰がどうなるかではなく）株主や会社の従業員，取引先，もしくは自分の家族など他の利害関係者がどうなるかに注意を向けざるを得ない仕組みを構築できれば，不正は抑制できるかもしれない。その1つとして，「会計不正をした企業が上場廃止となること」（厳密には，経営者に，事前に「不正をしたら企業が上場廃止になってしまう」ということがはっきりと伝わるような仕組み）が挙げられるかもしれない。上場廃止は，企業に対するペナルティという意味だけでなく，自分のウソが如何に他者に迷惑をかけるのかということを，経営者に事前に想起させるという側面も併せ持つ。たとえば，「上場廃止になってしまうと，株主は大きな損失を被ってしまうだろうな……」「会社の従業員は……」「取引先は……」と，経営者が「他者の大ケガっ

ぷり」を事前に想像することになるとしたら，ウソを防止する1つの手立てとして大いに有効といえる（かつ，制度設計の社会的コストも小さい）。

　しかしながら，近年は，大型の会計不正であっても，当該企業が即時に「上場廃止」となるケースはあまりみられなくなってきている。このような方向性は，上記の議論を踏まえると，必ずしも望ましいこととはいえない。いずれにせよ，他者を思う人間心理を喚起する仕組みが重要となるという点は，ヒトという生き物の社会性を改めて物語っているともいえよう。

4　ウソのエスカレーション──他者を思う気持ちが消えてしまう

　上述のように，グニーズィの実験研究からは，人のウソ回避傾向が「人の社会性」とリンクしていることが理解できるが，しかし現実の問題をみると，事態はもう少し複雑であるようにも思われる。たとえば，企業不正の問題に時間軸を入れて考えてみると，最初は「ちいさなウソ」のつもりが，ズルズルと雪だるま化し，大きなウソにつながっていく，ということはしばしばみられる傾向である。実際の企業の粉飾や不正の事例を紐解いても，このようにウソがエスカレートしていくという傾向が数多く報告されており，その意味でも，これは企業不正の本質を考えるうえでの1つの重要な側面といえよう。

　そしてこのように，時間をかけてウソがだんだんとエスカレートしていく現象を，「ウソのエスカレーション」とよぶことにすると，次のような素朴な疑問が湧いてくる。それは，先の「ウソ回避傾向」と「ウソのエスカレーション」とでは，どちらの効果が強いのか，ということである。すなわち，人のウソが雪だるま化してしまう傾向は，人間が本来的に有する「ズルズルと物事を先送りしてしまう」ような自分勝手な特質の1つの現れともいえる。そしてそうであれば，「ウソ回避傾向」と「ウソのエスカレーション」との戦いは，ある意味で人間の本質同士の戦いとでもいうべき（まるで「矛と盾の戦い」のような!?）状況であるといえよう（図11-4）。

　そして，図11-4のような「戦い」を実現させるためには，具体的には，ウ

図11-4　「ウソ回避傾向」vs.「ウソのエスカレーション」
　　　　——人間の本質同士の戦い

表11-1　実験デザイン

条　件	ウソによる相手の追加ダメージ				
	ラウンド1	ラウンド2	ラウンド3	ラウンド4	ラウンド5
ノーエスカレーション条件1（1ラウンドのみ）	200				
ノーエスカレーション条件2（全2ラウンド）	0	200			
エスカレーション条件（全5ラウンド）	0	50	100	150	200

ソが何度も続きエスカレートしたあとの状況に，ウソ回避傾向がみられるとさ
れる「ウソによる自分の追加的なベネフィットは小さいのに，相手の追加的な
ダメージが大きい場合」をセットすることで可能となる。我々の研究グループ
では，まさにこのような状況を実験室に創り上げ，この問題にアタックしてい
る（Miwa, Taguchi, and Yamamoto 2019）。

　表11-1に示されるとおり，実験の条件は大きく3つある。表11-1の一番
上の「ノーエスカレーション条件1」と真ん中の「ノーエスカレーション条件
2」は，統制群（比較軸）としての位置づけであり，エスカレーションが起こ
りにくい状況で，「ウソによる自分の追加的なベネフィットは小さいのに，相
手の追加的なダメージが大きい場合」のゲームをおこなう。この場合は，単純
にグニーズィがいうようなウソ回避傾向が観察されることが予想される。

　他方，表11-1の一番下の「エスカレーション条件」は，ラウンド数も多く
（全5ラウンド），ウソのエスカレーションが起こりやすい仕組みになっている
点が特徴的である。特に，ラウンドを重ねるごとに，徐々にウソによる相手の

追加ダメージが膨らんでおり，最終ラウンド（第5ラウンド）は，「ウソによる自分の追加的なベネフィットは小さいのに，相手の追加的なダメージが大きい状況」になっている。この最終ラウンドで，先に述べた「ウソ回避傾向」と「ウソのエスカレーション」との戦いが観察できる。すなわち，もしウソのエスカレーション効果が強ければ，多くの被験者は，ラウンドを重ねてきた勢いで最終ラウンドもためらいなくウソをつくだろう。他方，もしグニーズィがいうようなウソ回避の効果が強ければ，最終ラウンドの利得構造は，ラウンドを重ねてきた勢いをストップさせる効果を持ち，最終ラウンドのウソはぐっと減少するはずである。

　そして，「戦い」の結果は，一体どのようになったであろうか。結論的にいえば，**グニーズィの示すウソ回避傾向が，ウソのエスカレーションにより無効化されてしまう**ことが明らかになった。具体的には，「ウソによる自分の追加的なベネフィットは小さいのに，相手の追加的なダメージが大きい場合」（この実験では相手の追加ダメージ＝200）におけるウソの割合は，エスカレーション条件がもっとも多く，続けてノーエスカレーション条件2，ノーエスカレーション条件1という結果となった。すなわち，ウソがラウンドを重ねる中で徐々に積み重なっていくと，「人が他者を思う気持ち」は打ち消されてしまうということが，この実験結果からは理解できる。この原因としては，ウソがエスカレートしていく中で，自分のウソに多大な注意が注がれてしまい（いわば，自分のウソに自分自身が吸い込まれていってしまい），他者のことまで考えが及ばなくなる（他者のことを思いやるこころのスイッチが自動的にオフになってしまう）ことが挙げられるかもしれない。

　そしてこれは現実問題を考えるうえでも，極めて示唆深い結果である。すなわち，前節までに見たとおり，時間軸を考えないとすると，人は他者のことを思いやることで，ウソを回避する傾向がある。これは「人の社会性」を表すような結果であるし，ある意味で人間の本質的な良心が垣間見える「ホッとする」傾向であるといえる。そしてこれをベースに，前節では，「他の利害関係者がどうなるかに注意を向けざるを得ない仕組み」を世の中に構築することで

ウソが減るかもしれない，ということを議論するに至ったのである。

　しかし「時間」というものをひとたび議論の中に入れ込むと，そのような「人の社会性」が破壊されてしまう可能性があるということが，ここから示唆されるところである。つまり，人間のある意味での利己性（自分のことだけしか考えられなくなる人間の自己中心的でダークな部分）が，「時間」の中で顔を出しエスカレートすることで，人間のよい部分を無効化してしまう。その意味では，**人間にとって「時間」という概念は，極めて重要なファクター**であることが理解できる。

　この結果は，先に述べた実際の企業の粉飾や不正の事例でも，ウソがエスカレートしていくという傾向が数多く報告されていることと整合的であるし，現実に企業の不正がなくならないのは，このエスカレーション効果が強く効いているからであるともいえる。そしてそうであれば，3で検討した仕組みだけでは，現実の不正に対処することは困難であるといわざるを得ない。

　では，エスカレーションを「止める」手立てとして，どのような対策がありうるだろうか。もしエスカレーションが起こってしまえば，それを途中で止める手立てがないとしたら，そもそもエスカレーションがスタートしないよう，最初の段階でそのきっかけとなる**「不正の小さな芽」を未然に**摘む必要性があるだろう。これに対して，たとえば，現行の公認会計士による財務諸表監査においては，監査を効率的におこなうために，**金額が小さい不正は重視しない**（金額的に重要性が高いものに焦点を置く）というかたちでなされるが（これをリスク・アプローチとか，重要性基準とよぶ），そのようなスタンスは，エスカレーションのきっかけとなるような「不正の小さな芽」を摘むことができず，むしろ危険といえるかもしれない。監査において効率性は1つ重要な要素ではあるものの，それを過度に重視するようなことがあってはならないだろう。

　また，そもそも単なる誤謬（意図的でない間違い）が発端となり，それを隠すためにウソで塗り固めていくことで，エスカレーションがスタートしてしまうケースも十分ありうる。つまり，**意図的でない**ところから，**意図的な不正が**はじまるケースである。そして，そのようなケースへの対処方法として，そもそ

も誤謬が起こらないようなチェック体制を組織内で適切に構築・運用する必要があることはいうまでもない。さらに敷衍すれば，小さな過ちを，本人が隠さずむしろ積極的にオープンにできる（本人自身が前向きな「反省」ができ，かつ周りもある程度はそれを受容する）ような柔軟かつ寛容な組織環境の設計が必要となるかもしれない。

　いずれにせよ，人間はなぜ，またどんな時にウソをつく（つかない）のかという問題は，人間の有する社会性や利己性など人間の本質と大きく関連した問題であるということが理解できるだろう。さらに，そのようなウソを会計や監査の仕組みで防止することができるかどうかと思案することは，同時に人間の根源にアプローチすることであり，エキサイティングなチャレンジであるともいえよう。

読書案内

Ariely, D., 2012, *The（Honest）Truth about Dishonesty, How We Lie to Everyone: Especially Ourselves,* Harper.（ダン・アリエリー，櫻井祐子訳『ずる——嘘とごまかしの行動経済学』早川書房，2014年）。
＊ウソの研究を語るうえで重要な知見をいくつも提示するアリエリーの啓蒙書。「なぜ普通の人がウソをつくのか？」というリサーチクエスチョンは面白いし，それにまつわるさまざまな実験は，工夫がみられ興味深い。

笹原和俊『フェイクニュースを科学する——拡散するデマ，陰謀論，プロパガンダのしくみ』化学同人，2018年。
＊「計算社会科学」という新しい領域から，ウソが社会で拡散するメカニズムを明らかにする挑戦的な 1 冊。本章を読んで，さらに現実世界で問題となっているフェイクニュースについて掘り下げてみたいと感じた方にオススメ。

同志社大学良心学研究センター編『良心学入門』岩波書店，2018年。
＊ヒトがウソをつくかどうかは，人間の社会性，ひいては，人間のこころが持つ「良心」とも結びつくと考えることができる。そこでは，「良心」とは一体何かということが重要であるが，本書は，さまざまな領域の研究者が，学際的な見

地から「良心」というものを議論する（ちなみに，「良心教育」は，同志社大学の建学の精神であり，その意味では，同志社の教育のあり方も垣間見ることができる）。人間の本質に迫りたい，という熱い想いをお持ちの方にオススメ。

Bowles, S., 2016, *The moral economy: Why good incentives are no substitute for good citizens,* Yale University Press.（サミュエル・ボウルズ，植村博恭・磯谷明徳・遠山弘徳訳『モラルエコノミー──インセンティブか善き市民か』NTT 出版，2017年）。
＊人間のウソやモラルの議論は，市場経済のあり方などとあわせて議論されることがある（しばしばなされる議論としては，「市場原理は，人間のモラルを奪うのではないか」というように両者をトレードオフ関係として捉えるものが挙げられる）。本書は，ゲーム理論や実験の知見から，どのようなインセンティブ設計をすれば，市場経済とモラルとが両立しうるかということを議論している。経済社会におけるモラルや倫理の位置づけに興味のある方にオススメの1冊。

伊神満『「イノベーターのジレンマ」の経済学的解明』日経 BP 社，2018年。
小林慶一郎『時間の経済学──自由・正義・歴史の復讐』ミネルヴァ書房，2019年。
＊本章では，「時間」という概念の重要性について述べたが，この点をさらに掘り下げたい方にオススメ。前者は，特に経済学における「時間」の捉え方（動学的分析という）を具体例をつうじ理解することができる。後者は，財政危機や地球温暖化を巡る「現世代」と「将来世代」の対立をどのように考えていくのが望ましいかを，「新しい社会契約」という観点から検討していく良書。是非トライしてみてほしい。

吉見宏『ケースブック監査論』新世社，2014年。
＊本章では，ウソないし不正のエッセンスを抽象化して議論したが，他方で現実の不正の事例を知り，そのメカニズムを具体的に確認するという作業も重要である。本書は，具体的な不正事例をわかりやすくケースとして解説してくれる。

参考文献

Gneezy, U., 2005, "Deception: The Role of Consequences," *American Economic Review*, 95(1): 384-394.

Miwa, K., S. Taguchi, and T. Yamamoto, 2019, "The escalation of lies: An experimental study of the repeated deception game," *RIEB Discussion Paper Series*, No. 2019-08.

第12章

AI との共存社会
——未来の会計を考える——

┌─ まず考えてみよう ─

　未来の会計は，一体どのようになるのか？　人間が記帳をして，決算書を作って，監査をして……という時代は，現実にも徐々に変化しつつある。そして，そのような変化を遂げている中，今後，会計に本当に求められる教養（リベラルアーツ）とは，一体何だろうか？

┌─ アブストラクト ─

　本章では，AI など新しいテクノロジーの進展が会計のあり方に与える影響を考えることをヒントとして，最終的に，会計に求められる新しい時代の教養とは一体何かを考察することにする。

　まず最初に，議論のヒントとして，ビジネスで巻き起こっている3つの変革（マシン，プラットフォーム，クラウド）を確認するとともに，特に金融市場と企業組織に対する影響を整理する。

　それらの議論をうけるかたちで，近年の研究から，会計利益の有用性が低下していること，また新しい AI 監査には問題点が生じうることが明らかにされていることを確認する。そして最終的に，会計に求められる新しい時代の教養として，大きく2つの視点（会計の多様性と会計のそもそも論）を提示する。

キーワード：AI，マシン，フィンテック，組織変革，集約情報，有用性，そもそも論

1　AI の進展と未来の会計

　本章では，AI（Artificial Intelligence）等新しいテクノロジーの進展する未来社会における会計のあり方を考えてみよう。現在，新しいテクノロジーの進展により，会計業務の多くが AI に代替されるといわれている。また AI による不正探知が深化し，会計の利益数値よりも，テキスト情報を用いるほうが不正探知のパフォーマンスがよいということが新しい研究から明らかにされつつある。更には，新しいテクノロジーを背景としたプラットフォーム・ビジネスの興隆は，会計の本質的な機能を変えてしまうかもしれない。

　このような変革に対して真摯に向き合うことは，まさに本書の大きな目標である新しい時代の新しい教養を考える 1 つのヒントになりうるだろう。そこでまずその端緒として，次節では，新しいテクノロジーの進展が，ビジネスの世界にもたらす変革について概観することにする。

2　新しいテクノロジーの進展がもたらす 3 つの変革

　マサチューセッツ工科大学（MIT）のマカフィー（McAfee）とブリニョルフソン（Brynjolfsson）は，新しいテクノロジーの進展が，ビジネスの世界に大きく 3 つの変化をもたらすと示唆している（マカフィー・ブリニョルフソン 2018）。

　表12-1 に示されるとおり，まず第 1 は，「マシン」（machine）である。これは，「人間の知性」の対になるものであり，テクノロジーの急速な進歩が人間の業務を代替する可能性である（図12-1）。これは多くの論者によっても予測されているところであり，今後，米国では自動化される可能性が高い業務は全体の約半数であるともいわれているし，またテクノロジーの進展が，賃金と業務の二極化を引き起こすという予測もある。

　第 2 は，「プラットフォーム」（platform）である。これは，物理的世界の財・サービスの対になるものであり，さまざまな情報を集め交換する「場」や，

図12 - 1　人間の業務がテクノロジーに代替される⁉（イメージ図）
出典：テクノロジーイラスト（https://technology-illustration.com）より引用。

表12 - 1　ビジネスにおける3つの変革

	変　革	内　容	対になるもの
1	マシン （machine）	テクノロジーの急速な進歩が人間の業務を代替する可能性	人間の知性
2	プラットフォーム （platform）	さまざまな情報を集め交換する「場」や，物やサービス展開の土台となる環境	物理的世界の財・サービス
3	クラウド （crowd）	オンラインで集積される人々の膨大な知識や能力	コア（企業が培ってきた知識や能力）

出典：McAfee and Brynjolfsson（2017）を参考に筆者作成。

物やサービス展開の土台となる環境のことをいう。現在，このようなプラットフォームを無償で提供する代わりに，顧客の情報を得てそれを収益源とするGAFA（Google, Apple, Facebook, Amazon）とよばれる企業群が多大な影響力を持つようになっている。

　第3は，「**クラウド**」（crowd）である。これは，企業や組織がこれまで単体で培ってきた知識や能力（これをマカフィーらは「コア」とよんでいる）の対になるものであり，オンラインで集積される世界中の人々の膨大な知識や能力（「集合知」）をいう。具体的には，暗号通貨，分散型台帳，スマートコントラクトなどが挙げられる。

　以上のように，新しいテクノロジーの進展は，ビジネスの世界に大きく3つの変化をもたらすことが予想されるが，それでは，このような流れは，会計の

世界にどのような影響を及ぼすだろうか。

3　金融市場変革と企業組織変革

　ここでは上記のうち，もっとも影響が大きいと考えられる第 1 の「マシン」（ヒトの業務の代替）に特に焦点を当てて，以下議論を進める。この点について，たとえば，オックスフォード大学のフレイ（Frey）とオズボーン（Osborne）は，新しいテクノロジーが人間の雇用に与える影響を分析しており，米国において労働人口の47％が，今後10〜20年間に機械に代替されるリスクがあることを示している（Frey and Osborne 2017）。このように，「マシン」の到来は，人間の業務のあり方を根本から変える可能性があるが，この点について会計との関わりでカギとなるのは，市場と組織の変革であろう（表12‐2）。

　まず，①金融市場への影響について，たとえば，人間のトレーダーが新しいテクノロジーに代替されるなど，金融市場におけるトレードのアルゴリズム化や高速化・高頻度化が進みつつある。このような新しいテクノロジーによる金融市場の変革は，**フィンテック（FinTech）**とよばれており，これは既存の市場取引や価格形成のあり方を揺るがすものといえる。

　特にアルゴリズム取引や高頻度取引は，価格の歪みを利用した裁定取引など会計情報を使わずに証券の売買をおこなうものが多い。そしてもし，このような取引が相対的に増えていくとすると，第 6 章で述べたような証券市場における会計情報の役立ち（「**企業の品質の指標としての会計利益**」の機能）は徐々に薄れていくことになるのかもしれない。

　また他方，②企業組織への影響について，たとえば，金融機関における融資時の信用調査が AI 化されるなど，企業組織のさまざまな場面において，ヒトの業務の「マシン」への代替が起こりつつある。特に，AI の導入により判断や意思決定のコストが大きく低下するようになると，この傾向はますます強くなるだろう。さらには，企業組織の変革として，人の働き方やビジネスの進め方も大きく変化し，「**メンバーシップ型**」（企業という共同体の一員として働くスタ

表12-2　「マシン」のもたらす2つの影響（市場変革と組織変革）

ビジネスの変革	2つの影響（会計との関わりを視野に入れて）
マシン（ヒトの業務の代替）	①金融市場への影響（市場変革）
	②企業組織への影響（組織変革）

イル）から「ジョブ型」（専門能力を基礎にタスク（業務）を中心に働くスタイル）へと移行することが予想される。そうすると，企業内の活動がタスクごとに切り分けられていくことから，人の業務のテクノロジーへの代替がより一層進みやすくなる。

　そしてこのような組織変革は，会計情報の利用主体や会計の質の大きな変革へとつながる可能性が高い。たとえば，金融機関における信用調査のAI化について，実務では，クラウド会計ソフト上の仕訳データを銀行と企業との間で共有することで融資をおこなうという取り組みが現在既に登場してきている。これは，銀行が全ての仕訳データを直接入手するという点が大きなポイントとなる。すなわち，仕訳データを銀行が取り込むことが可能となると，AIを用いて仕訳をビッグデータとして扱い，これをもとに融資意思決定が可能となる。逆にいえば，第4章で述べたような仕訳の集約情報としての決算書，ひいてはそこにおける会計利益の役立ちは，少なくとも融資意思決定については相対的に低下するおそれがある。このように会計情報の主要な利用者が，ヒトからAIに代わることにより，会計に求められる要素や質も変わりうる可能性がある。

4　利益情報が危ない？

　このように，AIにより市場や企業組織が変わっていくと，会計の世界も大きく変わっていくことが予想されるが，この点について，研究の世界においても「利益情報は必要なのか？」という視点から，さまざまな議論がなされている。特にAIは，「非構造化データ」とよばれるテキスト・画像・音声データを学習データとして用いることを得意とすることから，利益情報（「構造化データ」）とテキスト情報（有価証券報告書など）とでは，どちらのほうが不正探知力

が高いのか，という研究もなされている。

　たとえば，クイーンズ大学（Queen's University）のプルーダ（Purda）とスキリコン（Skillicorn）は，AIによる機械学習を用いて，利益情報よりもテキスト情報を用いた不正探知のほうがパフォーマンスがよいということを明らかにしている（Purda and Skillicorn 2015: 1193-1223）。このようなテキスト情報の利益情報に対する相対的有用性は，現在の会計においてすでにいま起こっているうねりであり，利益情報のあり方が再検討されるべき事態といえる。

5　監査の世界も変わる？

　3でみたような組織や業務の変革は，一般企業だけでなく会計事務所にも及ぶ。近年の「監査の失敗」を背景に，すでに大手の監査法人は，監査業務の一部にAIを導入することを表明している。AIが導入され監査のやり方が変わっていくと，たとえば監査チームの構成や役割分担，ひいては他の専門家との連携のあり方なども変化してくるだろう。

　さらに，この流れが加速し，新しいテクノロジーを用いた**継続監査**（continuous audit）が本格導入されると，監査のあり方は大きく変容することが予想される。継続監査とは，企業において取引がなされる都度，その仕訳データを監査人が取り込み，タイムリーにモニタリングをおこなう手法である。従来の監査は，たとえば年度末に，監査人がチームで会社に出向いて，そこで1年分（もしくは4半期分）の帳簿を出してもらい，手分けをしておかしな点がないかをチェックするようなスタイルであった。つまり，「ある一定の期間まとめて」というスタイルである。それが，新しい継続監査になると，「その都度」になるのである。「まとめて」よりも，「その都度」チェックがなされるほうが，監査の精度も断然上がるように思われるため，これは新時代の監査手法として，現在注目を集めている。

　しかしながら，未来に起こりうる状況を実験室で予測する実験研究によれば，事態はそんなに単純なものではないことがわかる。レスブリッジ大学（Univer-

┌─── **Column ⑱**　実験が有する「未来をデータで語る力」────
│
│　5のゴンザレスとホフマンによる研究のように，実験研究によれば，現実に
│はまだない「未来社会」を仮想的に作り上げることで，未来の会計や監査のあ
│り方を，雰囲気や感覚ではなく，データで議論することができる。このため，
│実験研究は，今後，未来社会における会計・監査に潜む危機の発見と対処に関
│して大きく貢献しうる可能性を秘めているといえよう。
└─────────────────────────────────

表12-3　ゴンザレスとホフマンの実験デザイン

		検証の頻度	
		取引の都度	一定期間ごと
不正探知システムの強さ	強　い	条件1	条件2
	弱　い	条件3	条件4

sity of Lethbridge）のゴンザレス（Gonzalez）とピッツバーグ大学（University of Pittsburgh）のホフマン（Hoffman）は，継続監査が不正に与える効果について，実験経済学的手法を用いて検証している（Gonzalez and Hoffman 2018: 225-247）。具体的には，①不正探知システムの強さ（「強い」システム vs.「弱い」システム）と②検証の頻度（「取引の都度」vs.「一定期間ごと」……「取引の都度」というのが継続監査に該当する）という2つの要因が，経営者役を担う被験者の不正行動に与える影響を検証している（表12-3）。

　先に述べたとおり，検証頻度が高いほうが（つまり，継続監査のほうが），不正防止効果がより高い（被験者の不正を減らす効果がある）と予想されるところであるが，結果は必ずしもそうではなかった。すなわち，①不正探知システムが「強い」場合は，検証の頻度の影響はなかった（逆にいえば，継続監査のメリットはない）のに対して，②不正探知システムが「弱い」場合には，「取引の都度」検証をおこなうほうが，逆に実際の不正行動を高めてしまうという衝撃の結果が明らかにされている。

　これは，検証がタイムリーになされ，かつシステムが「弱い」と，その弱さが経営者にバレてしまうため，経営者に不正の機会の認知を増加させ（つまり，

「これは不正ができそうだな！」と思わせてしまう），逆に不正が多くなってしまう
ためである。このような意図せざる帰結は，「継続監査が会計不正を減少させ
るだろう」という社会の期待に反するものであるし，また先の4での議論とあ
わせると，不正探知力が相対的に弱い会計利益をもとにAIを利用した継続監
査をおこなうと，不正が逆に増加してしまうという予測ができてしまう。これ
は未来の会計利益が抱える危機にほかならない。

6　有用性だけではなく「そもそも論」を問いかける力を養う

　以上のような議論を踏まえ，会計において，**今後本当に求められる教養**とは
一体何か考えてみよう。これはまさに本書の掲げる大きな課題であるが，それ
は大きく2つあるように思われる（図12-2）。
　第1は，他領域との融合を見据えた，いわば**会計の多様性を捉える力**（会計
を多様な視点から捉える力）である。本書でこれまでも述べてきたとおり，**会計
とは情報であり，また同時に，情報を巡る人間の意思決定の相互作用**である。
そして，情報の種類は多様であり，また人間の意思決定も多様である。それゆ
え，**会計とは，多様な情報を巡る，多様な人間の，多様な意思決定の相互作用**
からなるものであるともいえる。であるから，この多様性を見とおす力が，こ
れから特に求められるものと考えられる。たとえば，情報の多様性，ひいては
会計の多様性の一例として，前述のとおり，たとえば現在，非構造化データに
注目が集まっているが，この点に関連して，テキストデータの読みやすさ
（readability）を，会計情報の質の一側面として取り扱ったり，経営者のスピー
チなど音声データを不正探知に用いることができるかを検証したりするような
新しいタイプの研究も登場してきている。また，意思決定の多様性という意味
では，本書で扱ってきたとおり，人間のさまざまな意図が，企業から発信され
る多様な情報に込められているし，またそれを巡ってさまざまな人間の判断や
意思決定がなされる。そしてこのような会計の多様性を捉えるためには，**多様
な情報構造や，多様な人間の多様な意思決定を扱うことを得意とするゲーム理**

①会計の多様性を捉える力（多様な視点から捉える力）
②「そもそも論」を絶えず問いかけることのできる力（本質を問いかける力）

図12-2　会計において今後求められる教養

論や実験など，これまであまり会計では用いられてこなかった手法が大きな武器になることは，本書で示してきたとおりである。会計の「無限に広がる宇宙」とでもいうべき側面を，懐深く受け止め理解するマインドが，今後本当に求められる教養の1つといえるだろう。

　そして第2は，「そもそも会計とはなにか，なぜ存在するのか」ということ（これを「そもそも論」とよぶことにする）を絶えず問いかけることのできる力である。第1の点が，会計の外に大きく飛び出す視点とすれば，第2の点は，むしろ会計の本質に深く斬り込む視点と位置づけられる。たとえば，これまでの議論からすると，仕訳というビッグデータを扱うことのできる AI 時代には，「集約情報である利益情報が危ない」ということになるのかもしれない。利益とは，企業がなす取引情報を統合し集約したものであるが，上述の議論からすると，利益は，いままさにその有用性が問われているといえる。

　但し，ここでは「利益情報の誰かにとっての有用性」（利益情報の経済的機能）という議論と，「そもそも会計利益は何のためにあるのか」という議論とを峻別しておく必要がある。現在は，後者を前者で語る（つまり，「会計利益は社会において何のためにあるのか」，という問いに「誰かにとって有用だからである」と答える）議論が多いため，両者の峻別は普段あまり意識されることはない。しかし，両者を区別しておかないと，「利益情報が誰かにとって有用でない」から，「会計利益は不要」で，よって「利益として統合されることが予定されていない仕訳」と「利益を前提としないテキスト情報」のみが『未来の会計』において生き残る，というおかしな議論になってしまう。しかし，そもそも利益のない『会計』は，本当に会計といえるのか疑問が残るし，また，利益を計算しないのに，そもそも企業が仕訳をおこなうということがありうるのか，もし仮にそういうことがありうるとしたら，その意味は何なのか（統合しないことを予定し

─── **Column ⑲**　非構造化データを用いる新しいタイプの会計研究の夜明け ───

　テキストデータの読みやすさ（readability）を取り扱う研究は，ここ10年ほどで大きく発展・進化を遂げている。たとえば，ミシガン大学（University of Michigan）のリー（Li）は，readability の指標としてフォグ・インデックス（Fog index）というものを用いて，企業が公表する MD&A（経営者による業績説明の文章）の読みやすさと企業業績との関連性を検証している。米国企業のデータを用いた分析の結果，業績の悪い会社の MD&A は，業績のよい会社の MD&A に比べて相対的に読みにくいということを明らかにしている（Li 2008: 221-247）。これは要するに，業績が悪い会社においては，経営者がわざとわかりづらい情報開示をしている（会計情報の質を経営者がコントロールし，わざと低めている）という可能性を示唆している。

　他方，非構造化データとして，音声データを扱う研究も進化しつつある。たとえば，イリノイ大学（University of Illinois at Urbana-Champaign）のホブソン（Hobson）らは，経営者のスピーチ（たとえば米国では，カンファレンス・コール（conference call）という経営者による業績説明の機会がある）から会計不正の探知が可能かどうか検証し，現実データと実験を組み合わせた分析により，実際に経営者のスピーチから会計不正を読み取ることができる可能性を示している（Hobson, Mayew, Peecher, and Venkatachalam 2017: 1137-1166）。これはまさに新しいテクノロジーが監査の質を変えうることを示す未来志向型の研究といえる。

　また，現在は，人間にとっての会計や監査の質を対象とする研究がメインであるが，今後は，たとえば AI にインプットさせるべき学習データとして望ましいものは何かという議論もなされるかもしれず（ある意味で「AI にとっての readability」といえるかもしれない），この意味でも会計や監査の質の多様性に着目することは，未来の会計の本当の姿を捉えるうえで重要なカギとなろう。

た仕訳がありうるのか），このようなことを考えることなしに，未来の会計を単に有用性だけで語るのは，いささかアンバランスな議論であるといわざるを得ない。

　このように，ある一定の前提に寄った議論をそのまま鵜呑みにするのではな

─── Column ⑳　「有用性」だけで議論することの危うさ ───

　本章で述べている「有用性」だけで議論することの危うさは，たとえば会計の古典的な論点にもしばしばみられるところがある。具体例として，会計で伝統的になされる「本体情報 vs. 注記情報」という論点を想定してみよう。ここで，「本体情報」というのは，決算書に直接載る情報で，たとえば，売上高や利益，資産や負債の帳簿価額などが挙げられる。他方，「注記情報」というのは，決算書に付随する補足情報で，たとえば減価償却の方法の説明や，金融負債の時価評価額などが挙げられる。

　「有用性」ということのみで議論しようとすると，たとえば，現実のアーカイバル・データを用いた実証分析によって，仮に「注記情報のほうが有用である」という結果が出たとして，そのことから「本体情報は不要」で，「注記情報のみが生き残るべき」という結論になりかねない。しかしながら，これは，本体情報がそもそもなぜ社会に存在するのかという点を捨象した乱暴な議論であるといわざるを得ない。このように考えると，単に有用性だけを軸として議論することの危うさがみえてくるだろう。

く（また，既存の議論を安易に受け入れてしまうのではなく），いったん立ち止まって，「この議論の前提はなにか？」「この議論の本質はなにか？」と疑問を投げかけることのできる力が，ここでいう「『そもそも論』を絶えず問いかけることのできる力」である。そして，ここでの例でいえば，「有用性」の反対側に，実は「そもそも論」が存在する可能性（単に有用性だけでは語れない会計の存在意義というもの）を見据えることができるかどうか，これが大きなカギとなるのである（図12-3）。「AIと会計との関係を考える」という一見新しい論点の本質に接近するには，実は「会計の本質は何か」という古くて新しい論点と，真摯に向き合う必要があることが理解できる。

　そして，これら2つの力（多様性＋そもそも論）の涵養こそが，新しい時代に求められている会計の教養といえるのではないだろうか。

　以上が本書の結論といえるが，ここではさらに，有用性だけでは語れない会計の存在意義とは一体何か考えてみよう。すなわち，図12-3では，「単に有

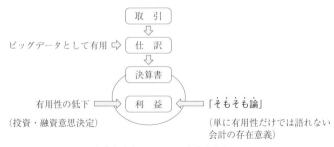

図12‐3　「そもそも論」を絶えず問いかけることのできる力

用性だけでは語れない会計の存在意義」を見据えることや，問いかけることの
重要性について述べているが，ここで，そのような「有用性だけでは語れない
存在意義」とは，具体的には一体何かが次に問題となる。この点については，
もちろん読者の皆さんのさまざまな思考や発想に委ねたいと思うが，このこと
を考えるヒントの1つとして，**会計責任**の概念を挙げておきたい。

　たとえば，序章でも登場した井尻雄士による著書を紐解いてみると，有用性
について次のような記述がある。

「まずはじめに，会計システムではすべての取引が記録されているという事
実に，とくに注目したい。かりに会計の目標が，意思決定者のために有用な
情報を提供するということに限られるとしたら，会計実務ではなぜ，記録し
報告すべき項目がもう少し選択的に限定されないのであろうか。たとえば，
なぜ，データ収集のため統計サンプリングの手法が採用されないのであろう
か。ここで，現行実務が不合理だからと答えるのは簡単だが，なぜ取引を
100％記録する必要があるのか，そこには何か合理的な理由がないのか，い
ま少し考えてみよう」（井尻 1976：48，但し，下線は田口）。

　ここでの記述をまとめると，「会計がすべての取引を記録していることから
すると，有用性だけでは語れない何かがあるのではないか」，ということであ
るが，これはまさに図12‐3でいう有用性の反対側にあるものの存在を意識し

たものといえよう。そしてこのあと井尻は，この何かとして，具体的には以下のように会計責任の概念を挙げている。

「かりにある人が自分の資金を投資して事業を始めたとしよう。この場合には，政府が要求しない限り，資金がどのように支出され，どのように収益を挙げたかを記録する必要性は必ずしもない。彼は，そのような記録から得られる情報の効用が記録の費用よりも大きいと考えた時だけ，記録することになる。（中略）ところが，他人の資金がこの事業に投資されたとしたら，事情は一変する。彼は，その資金がどのように支出され，どのように収益を得たのかを，釈明する（account for）契約上の（あるいは少なくとも道義上の）義務を負うことになるであろう。記録をつけるのは，必ずしもその情報が自分自身の意思決定のために役立つと考えられるからではなく，出資者の便益のために記録することが期待されているからである。すべての取引が克明に記録されるのは，彼がすべての取引について会計責任を負っているからである。（中略）したがって，会計は，企業活動とその成果の記録と報告から出発し，会計責任の解除によって終わることになる」（井尻 1976：48-50。但し，下線は田口）。

　ここでの記述をまとめると，「自己資金だけでなく，他人の資金を預かり事業をする場合には，全ての取引について釈明する契約上の義務を負うことになる」ということであり，この義務こそが，会計責任ということになる。そしてこのように考えると，そもそも他人からの資金の受託を前提とした企業の会計では，全ての取引を記録し，かつ企業活動の成果たる利益を報告することではじめて，その義務をまっとうすることができるといえる（図12‐4）。

　図12‐4 の整理からすると，有用性が低下するからといって，会計利益がなくなるというわけではない（つまり，会計利益をなくしていいということには決してならないし，むしろ，会計責任を履行するためには，必ず残しておかなければならないものである）ということが理解できるだろう。

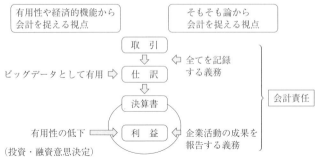

図12‐4　有用性の議論と「そもそも論」の整理

　もちろん，上記は，あくまで筆者なりの説明であるから，この説明自体もあくまで1つの仮説として捉え，その前提はなにか，また別の可能性はないかを常に問いかけるマインドが必要となることはいうまでもない。

読書案内

McAfee, A., and E. Brynjolfsson, 2017, *Machine, Platform, Crowd : Harnessing Our Digital Future,* W. W. Norton & Company Inc.（アンドリュー・マカフィー，エリック・ブリニョルフソン，村井章子訳『プラットフォームの経済学』日経 BP 社，2018年）。

＊本章でも言及したマカフィーらの書籍。著者らは AI がビジネスをどのように変革するかについて，多くの研究を残しているが，その（現時点での）最新作。本章でも述べた3つの視点（マシン・プラットフォーム・クラウド）を踏まえて，今後，人間のやるべき業務はなにか，社会はどのようになるのかを予測。

小島寛之『暗号通貨の経済学——21世紀の貨幣論』講談社選書メチエ，2019年。

坂井豊貴『暗号通貨 vs. 国家——ビットコインは終わらない』SB クリエイティブ，2019年。

＊本章では紙面の都合から取り上げなかったが，新しいテクノロジーのうち，暗号通貨は，既存の貨幣の概念，ひいては経済社会を大きく変容させる可能性があるかもしれない。この点について，経済学的な観点から議論をしているのが

この2冊である。いずれも第一線の経済学者が書いているだけあり，わかりやすく，かつ読みやすい。本書をきっかけに，「暗号通貨などの登場は，会計にどのような影響を与えるのか？」ということを考えてみるのも面白い。

松尾豊『人工知能は人間を超えるか──ディープラーニングの先にあるもの』角川EPUB選書，2015年。
＊人工知能研究の第一人者が，初学者のために，そもそもAIとはなにかといった点から丁寧に解説してくれる良書。AIが人間の知能を超える日が来るのかといった点に興味がある人は，手にとってほしい1冊。

江間有沙『AI社会の歩き方──人工知能とどう付き合うか』化学同人，2019年。
＊新しいテクノロジーの進展は，既存の人間社会における規範や倫理のあり方にも大きく影響することが予想される。テクノロジーと社会との関係を考える領域は，科学技術社会論とよばれており，このような「AI×社会」研究の第一人者が，AI時代の社会のあり方を議論するのが『AI社会の歩き方』である。たとえば，本書をきっかけに，AI時代には，会計とテクノロジーがどのように共存するのか（しないのか）ということを考えてみても面白い。

石川純治『基礎学問としての会計学』中央経済社，2018年。
友岡賛『会計学の考え方』泉文堂，2019年。
＊本章の最後では，新しい教養の1つとして「『そもそも論』を絶えず問いかけることのできる力」を挙げたが，そのことをビシビシ鍛えたいと考える読者にオススメなのが，この2冊。前者は，現実的な側面に焦点が当たりがちな会計の世界において，アカデミズムの本来的役割は一体何かということを探求する重厚な1冊。後者は，現在の会計実務・会計研究の潮流から置き去りにされている「会計学の考え方」を，筆者がとつおいつ思案するさまを追体験できる1冊。どちらも難易度は高いが，しかし新しい教養を身につけるために，一度は手に取り，会計という（実は）「深い深い森」の中に迷い込む経験をしてほしい。

参考文献

Frey, C. B., and M. A. Osborne, 2017, "The future of employment: How susceptible are jobs to computerization ?," *Technological Forecasting and social change*, 114: 254-280.

Gonzalez. G. C., and V. B. Hoffman, 2018, "Continuous Auditing's Effectiveness as a Fraud Deterrent," *Auditing : A Journal of practice and theory*, 37(2): 225-247.

Hobson, J. L., W. J. Mayew, M. E. Peecher, and M. Venkatachalam, 2017, "Improving Experienced Auditors' Detection of Deception in CEO Narratives," *Journal of Accounting Research,* 55(5): 1137-1166.

井尻雄士『会計測定の理論』東洋経済新報社，1976年。

Li, F., 2008, "Annual report readability, current earnings, and earnings persistence," *Journal of Accounting and Economics,* 45 (2-3): 221-247.

McAfee, A., and E. Brynjolfsson, 2017, *Machine, Platform, Crowd : Harnessing Our Digital Future,* W. W. Norton & Company Inc.（アンドリュー・マカフィー，エリック・ブリニョルフソン，村井章子訳『プラットフォームの経済学』日経BP社，2018年）。

Purda, L., and D. Skillicorn, 2015, "Accounting Variables, Deception, and a Bag of Words: Assessing the Tools of Fraud Detection," *Contemporary Accounting Research,* 32(3): 1193-1223.

終　章
会計を超えて会計を理解する意義

┌─ **まず考えてみよう** ─────────────────────

　本書をここまで読んできたものの，本書は，（いわゆる伝統的な）会計の中身
とはあまり関係ない議論が多かったように思われる。仕訳の方法や，決算書の
作り方なども全くでてこなかったし……これで本当に会計を勉強したことにな
るのだろうか？

┌─ **アブストラクト** ─────────────────────

　本章は，これまでの議論を踏まえて，会計を超えて会計を理解する意義につ
いて検討することにする。結論的には，会計と人間のエッセンスを取り出して
モデル化し，シンプルな構造で議論することで，他領域の研究者・実務家との
「総力戦」で，（大きく遠回りをしつつも）会計の本質に迫ることができる可能
性があることが示唆される。

キーワード：抽象化，実験社会科学，「総力戦」

1 大事なのは暗記ではない

　本書では，会計を情報として捉え，かつ会計情報を巡る人々の判断や意思決定の相互作用をゲーム理論や実験を用いることで分析をおこなった。そして，最終的に，新しい時代に会計に求められる教養として，①会計の多様性を捉える力（多様な視点から捉える力），および②「そもそも論」を絶えず問いかけることのできる力の涵養をこころがける必要があることを述べた。念のため（重要であるので），図に再度まとめると，図終‐1のようになる。

　上記が本書のいわば「表のメッセージ」であるが，他方，本書をつうじての「裏のメッセージ」（⁉）は，「新しい時代に求められる教養は，『仕訳を暗記すること』，『基準を覚えること』，『簿記の問題を早く解くこと』ではない」，ということになろう。すでに第12章で述べたとおり，AI時代には，このようなことは，真っ先に人間からAIへと取って代わられてしまうことが予想される。もちろん，「理解のための（少々の）暗記」が必要となることもないわけではないが，しかしながら，暗記一辺倒，記帳訓練（問題演習）一辺倒では，これからの時代において立ち行かなくなるということは想像に難くない。

　なお，蛇足になるが，このような議論をしていて思い出すのは，筆者自身が初学者時代に味わった「簿記・会計へのなんともいえないモヤモヤ感」である。筆者は，大学に入学して初めて簿記を勉強したのだが，その時に感じたのが，「世の中に，こんなにまでつまらないものがあるのか！」という妙な驚き（？），ないしモヤモヤ感であった。企業の経済取引を，無理矢理によくわからない型に当てはめて（仕訳），そして挙句の果てには，無味乾燥な表（決算書）に落とし込む……しかも，右と左（借方と貸方）がうまくあわない……こんなことに

> ①会計の多様性を捉える力（多様な視点から捉える力）
> ②「そもそも論」を絶えず問いかけることのできる力（本質を問いかける力）

図終‐1　会計において今後求められる教養（第12章図12‐2の再掲）

拒絶反応を感じるばかりで，簿記に楽しさを感じることは一切なかった。その
なんともいえない気持ちを，いまでもハッキリと覚えている。そのあとも，公
認会計士になるために，簿記や会計を必死に勉強していたのだが，正直いって，
会計があまり好きではなかった。

　そのあと，色々あって大学院に進学することになり（その時も「そんなに好き
ではない会計に，大学院できちんと向き合うことができるだろうか」と不安だった），
そこで「自分の頭で考える会計」に出会って初めて，「会計ってもしかしたら
面白いのかも……」と思うことができて，そして現在に至るのであるが，簿記
や会計を暗記や記帳訓練として捉え，「つまらない」と拒絶反応を持ってしま
う（そして，この世界から離れていってしまう）人は，少なからずいるのではない
だろうか。

　これからの時代に，簿記や会計をとおして社会を捉えたいと志す方々が，筆
者が初学者時代に感じたなんともいえない後ろ向きなモヤモヤ感を抱くことな
く，前向きなハートで，新しい時代に求められる教養を身につけてもらえたら
と切に願う次第である。

2　エッセンスを捉え，そして会計を超えて

　最後に，第12章で確認した新しい時代に求められる 2 つの教養（多様性，そ
もそも論）に関連して，「**エッセンスを抽出すること**」，そして「**会計を超えて
会計を理解すること**」の重要性に触れておきたい。

　本書では，会計のエッセンスを抽出し，そのエッセンスをモデル（ゲーム理
論）と実験で考えていくというスタイルで議論を進めてきた。これまでも述べ
てきたとおり，ゲーム理論と実験は，近年の社会科学で大きく注目を集めてい
る。たとえば，ノーベル経済学賞では，人間の心理や行動をゲーム理論と経済
実験で分析する研究が高く評価されているし，その中で，「**実験社会科学**」と
いう学際領域が注目を集めている。そこでは，文系理系問わず領域を超えたメ
ンバーが集まり，ゲーム理論と実験を共通言語にしつつ，人のこころと社会現

象との関係について，「総力戦」で分析を進めている。本書も，そのような流れを意識したうえで，会計の奥底にある人のこころに挑んできた。

　ゲーム理論と実験のよいところは，たとえ会計の問題であっても，他の領域の研究者や実務家などと一緒に話ができることである。会計と人間のエッセンスを取り出しモデル化すると，実は，かなりシンプルな構造が見えてくる。そしてそのモデルを実験で検証すると，人間特有の興味深い現象が浮き彫りになる。そうすると，会計を知らない他領域の方々とも，会計の本質を一緒に考えることができる。実はこれは，会計の本質を「総力戦」で考えることにつながる。人間の本質に迫ることで，翻って会計の本質に迫る。会計を知らない他領域の研究者との対話は，一見遠回りのようで，しかし実は近道といえる。つまり，会計を超えて会計を考えることの意義は，「会計を超えることで，『総力戦』で会計の本質に迫ることができる」ということにある。

　ここで「会計を超える」とは，会計が会計ではなくなるかもしれないギリギリのところ，会計の骨格ギリギリのところまで贅肉をそぎ落としたうえで，人間の本質との関わりを考えることである。そのギリギリの抽象化の中から，会計と人間の本当の関わり合いが見えてくる。本書でも，このギリギリの抽象化を目指したつもりである。

　現代の会計は，会計基準の国際化の問題や会計不正の問題だけではなく，多くの解決すべき課題を抱えている。さらに，これからの時代の会計は，AIの進展などにみられるように，多くの課題を抱えることになろう。いまこそ我々は，新しい時代の会計に，そして新しい時代の教養に，向き合う勇気を持たねばならない。「はしがき」でも述べたとおり，「教養（リベラルアーツ）」という言葉は，ともすれば「入門」「簡単」「初学者用」「広く浅く」などと誤解されやすいが，しかし本来は，人間を自由にする学問のことをいう。そう考えると，教養とは，答えのない社会の中で，自由な発想を持ち，困難な未来を切り拓いていく力ともいえよう。本書を読み切った読者の皆さんが，このような力を身につけることで，新しい時代の会計が抱えるさまざまな困難を，自由な発想で乗り切っていかれることを祈っている（し，筆者自身も，そうしていけたらと考えている）。

読書案内

河野勝・西條辰義編『社会科学の実験アプローチ』勁草書房，2007年。

西條辰義監修，西條辰義・清水和巳編『実験が切り開く21世紀の社会科学』勁草書房，2014年。

西條辰義編『フューチャーデザイン——七世代先を見据えた社会』勁草書房，2015年。

＊本章でも述べたとおり，経済実験を用いた新しいタイプの「総力戦」研究は，社会科学の中で大きく注目されているが，これらの書籍は，その国内でのパイオニア的な研究を集めたものである。いずれも，具体的な研究例が多く，この領域になじみのない人でも読みやすい。特に，『実験が切り開く21世紀の社会科学』は，シリーズ化されており，この他にも興味深いタイトルの書籍が並ぶ。また，『フューチャーデザイン』は，さらに社会科学の枠を超えて，持続可能な社会を構築するために，「仮想将来世代」による意思決定という斬新な仕掛けを構築することで，世代間のコンフリクトを解消しようという刺激的な1冊である。実験研究の将来性を体感したい人にオススメ。

河野勝『政治を科学することは可能か』中央公論新社，2018年。

＊本章では，「総力戦」で現実の経済現象にアタックすることの重要性を述べたが，その政治学版ともいえる挑戦的かつ画期的な研究が，この『政治を科学することは可能か』である。本書の冒頭には，筆者が体験した衝撃的な出来事（科学的な政治学をしていると周りからは思われていたある著名な研究者から，「政治学は科学ですか？」と問われたこと）が執筆の背景にあると述べられており，このエピソードには，読み手としても色々と考えさせられるところがある。また，そのような体験を背景とした本書からほとばしる筆者の研究への熱い想いには，大いにシンパシーを感じるものがある。

田口聡志『実験制度会計論——未来の会計をデザインする』中央経済社，2015年。

笠井昭次『現代会計論』慶應義塾大学出版会，2005年。

＊本書を読み終えたあと，「『次』に読むべき会計の本は何か？」と考えた場合に，筆者が特にオススメしたいのはこの2冊である。これらは，第12章で述べた2つの新しい教養（会計の多様性，そもそも論）ともリンクしている。まず前者

の『実験制度会計論』は，（筆者の研究書であり，手前味噌で恐縮であるが）主に新しい教養の第1である「会計の多様性を捉える力」とリンクし，本書でここまで述べてきたことの研究バージョンといえる1冊である。

　また，後者の『現代会計論』は，主に新しい教養の第2である「『そもそも論』を絶えず問いかけることのできる力」とリンクする。難易度は高めだが，特に会計の計算構造的視点から，その本質にアプローチしてみたいという方は，第12章の読書案内でも挙げた『基礎学問としての会計学』や『会計学の考え方』とあわせて，一度は手にとってみてほしい。そこには，本章1で述べた「自分の頭で考える会計」の世界が広がっている。

　なお，その際に感じてほしいのは，会計をつまらなくしているのは，決して仕訳のせいではない，ということである。すなわち，ともすれば，会計の退屈さの元凶が仕訳にあるように誤解されがちであるが，それは，仕訳に対する濡れ衣である。むしろ，「仕訳＝暗記」として，仕訳や会計処理を暗記するものと捉える発想（や，その発想を強いる資格試験対策の「勉強」）が，会計を苦痛なものにしてしまっているのである。仕訳それ自体は，（第1章でも示した）「言語としての会計」の基礎であり，「自分の頭で考える」ための柔軟なツールになりうるものである。この点に留意しながら，この『現代会計論』を紐解いてほしい（し，「教養の第2」を鍛えてもらえたらと思う次第である）。

あ と が き

　本書の目指すところについては，はしがきや本文でも述べてきたとおりであ
るが，よりストレートにいうと「世界でもオンリーワンな会計のテキストを書
きたい！」というものだった。本書は，日経・経済図書文化賞を賜った前著
（『実験制度会計論』中央経済社，2015年）の出版後に企画され，原稿執筆がスター
トした。そして，そのようなテキストを，できるだけ早めに書き上げたいとい
う思いがあったのだが，書き終えてみての率直な感想は，「思ったよりも時間
がかかってしまった」というものである。当初は2017年度中の出版を目標にし
ていた（作業フォルダの名前も「2017」という数字が含められていた）が，なかなか
前に進まず，書いては頓挫し，書いては頓挫し……という試行錯誤の繰り返し
であった。

　しかしながら，あえて発想の転換をすると，本書執筆に長い時間をかけたこ
とで，むしろ色々なことを考えるきっかけができたと前向きに捉えることもで
きる。執筆当初のモチベーションとしては，会計領域以外を専門とする方に，
会計の面白さを伝えたいということであった（し，最終的には，そのような書籍
になってほしいと，もちろんいまも思っている）。それは，前著執筆の時も同じで
あったが，会計のエッセンスを抽象化してみると，実は面白い人間行動や制度
設計のあり方が見えてくる。それを他領域の方々と一緒に議論したい。そのよ
うな気持ちで執筆をはじめた。

　しかしながら，執筆を重ね，試行錯誤していくうちに，むしろ，会計を勉強
している，もしくは会計に携わっている方々（会計を専門としている学生，会計
研究者や会計実務家など）に，会計の多様性を理解することをとおして，会計の
本質を理解するというルートを体験してほしいという気持ちが強くなった。大
学院生の頃，私はいつも指導教授に，「君にとって，会計とは一体何だい？」

と問われていた。その当時のことをなんだか懐かしく思い出しつつ，そして，その一見単純そうにみえる（が，しかし，とてつもない）難問をいつも頭に巡らせながら，本書を執筆した。

「会計とは何ぞや」「何をもって会計といえるのか」というこの重たい問いに，昔の筆者は，「直球で答えなければ……」と常に悶々としていた。しかし，いまは（歳を重ね，少し肩の力も抜けたこともあり），「変化球で，色々と巡り巡って，紆余曲折を経て答えてもよいのではないだろうか」と思うようになった。その意味で，本書は，真っ向からではないかもしれないが，しかし少なくとも筆者なりに遠回りしつつ，「会計とは何ぞや」という問いに，チャレンジしたつもりである。

しかしながら，本書を書ききったいまでも，その問いに対する明確な答えは，まだ見つかっていない。きっと，それを探す旅は，これからもずっと，続くのかもしれない。そして，（思いのほか長かった）4年という歳月を経て，ようやく本書を書き終えたいま，今度は会計のそもそも論に，直球で向き合いたいとも思っている。すなわち，本書で掲げた2つの新しい教養と関連させて述べるならば，筆者はこれまで，ひたすら「会計の多様性」（1つ目の教養）を，会計の外側に追いかけてきたのであるが，今度は，会計の内側の世界，つまり，会計の本質にある深い深い森に，迷い込む試みをしたい（2つ目の教養）と，ぼんやり考えている。その意味で，本書の続編をもし構築する機会があるとしたら，それは，そのようなスタンスから会計の本質にアタックするものにできたらと思う次第である。

本書の初出は，以下のとおりである。多くが書き下ろしのほか，既刊本ならびに既論文を大幅に加筆修正のうえ掲載している。なお，本書の内容は，同志社大学商学部での筆者自身の講義（「制度会計論」，「行動会計学」，「実験会計学」等）をもとにしたものである。講義を受講してくれた学生からの多くのフィードバックにも感謝したい。

序　章　書き下ろし。

第1章　書き下ろし。

第2章　書き下ろし。

補　論　書き下ろし。

第3章　田口聡志『実験制度会計論』中央経済社，2015年，第5章を大幅に加筆修正。

第4章　田口聡志「複式簿記の特質に係る行動経済学的分析：AI時代の会計利益の『危機』を巡って」『同志社商学』第71巻第3号，2019年，38〜56頁を大幅に加筆修正。

第5章　書き下ろし。

第6章　書き下ろし。

第7章　書き下ろし。

第8章　田口聡志『実験制度会計論』中央経済社，2015年，第1・2章，田口聡志「グローカル問題と実験制度会計論」『会計』第191巻第1号，2017年，30〜39頁を大幅に加筆修正。

第9章　書き下ろし。

第10章　田口聡志『実験制度会計論』中央経済社，2015年，第6章，田口聡志「実験制度会計論からみた不正会計」『企業会計』第68巻第6号，2016年，36〜45頁を大幅に加筆修正。

第11章　書き下ろし。

第12章　田口聡志「AI時代の会計の質の変容と『フューチャー・ハザード』」『企業会計』71(1)，2019年を大幅に加筆修正。

終　章　田口聡志「実験比較制度分析──ルビコン川の向こう岸で会計の本質を叫ぶ」『企業会計』第67巻第1号，2015年，51〜52頁を大幅に加筆修正。

そのような動機や想いで書かれた本書であるが，執筆にあたっては，多くの先生からのあたたかいご配慮を賜った。

本書は，一応は教育目的で書かれているが，しかし自分の中の持ちうる最先

端の研究を全て活かしたつもりである。その意味では，本書は，教育を目的と
したテキストでもあり，しかし筆者の研究を体系化したものとしての側面も持
つ。大学院博士後期課程時代の指導教授である笠井昭次先生（慶應義塾大学名誉
教授）には，いつも「教育と研究の表裏一体性（研究のために教育があり，また逆
もしかり）」をご指導いただいた。先生の「会計とは何ぞや」という問いは，筆
者自身の研究者としての根源にいつもあり，筆者を常に律し続けるものとなっ
ている。また，筆者のよき兄貴分といえる友岡賛先生（慶應義塾大学）には，
大学院生のころから，「そもそも論」の重要さを教えていただいている。本書
で掲げた第 2 の教養（そもそも論）は，両先生から教わったことがそのコアに
あるといえる。学部時代の指導教授である小林啓孝先生（慶應義塾大学名誉教
授）には，「当たり前」を疑う大切さを，大学院博士前期課程時代の指導教授
である故・澤悦男先生には，研究者として寛容さを持つことの大切さを，それ
ぞれ教えていただいた。

　本書は，筆者自身がこれまで取り組んできた教育と研究の 1 つの大きな区切
りともいえる大事な 1 冊といえる。特にこの執筆の期間中に，筆者は，大学執
行部の業務を担う機会を得た。一研究者としてだけではなく，全学的な視点か
ら物事を考えることは，これまでにない体験であり，苦しくも，しかし楽しく
もあった。その中で，特にご高配賜った松岡敬先生（同志社大学前学長），植木
朝子先生（同志社大学学長）には心から御礼申し上げたい。

　また，この執筆期間中には，そのほかにも同志社の学内の多くの異領域の先
生方との交流の機会を賜ることができた。同志社大学技術・企業・国際競争力
研究センター（ITEC）の三好博昭前センター長，中田喜文前センター長をはじ
めとする諸先生方・事務局の皆様には，特に経済実験をおこなう環境づくりに
対してご高配を賜った。また，センター長として一緒に数々の困難を乗り越え
た免許資格課程センター，日本語・日本文化教育センター，グローバル教育セ
ンターの諸先生方・事務局の皆様にも，ご高配に御礼申し上げたい。同志社で
のこれらの異分野の多くの先生方との出会いと交流が，筆者自身の研究者およ
び教育者としての大きな成長へとつながった。また，所属する商学部の今西宏

次先生，植田宏文先生，森田雅憲先生，上田雅弘先生をはじめとする多くの同
僚にも，日々たくさんの知的刺激を賜っていることに，心より御礼申し上げた
い。特に，森田先生から学んだリベラルアーツの魂が，本書の源流にあり，か
つ，本書のタイトルにも反映されている。

　さらに筆者は，実験社会科学という領域横断的・学際的な研究領域の中で，
多くの卓越した先生方と出会うことができた。西條辰義先生（高知工科大学・総
合地球環境学研究所），亀田達也先生（東京大学），船木由喜彦先生（早稲田大学），
佐々木宏夫先生（早稲田大学），原圭史郎先生（大阪大学），栗山浩一先生（京都
大学），下村研一先生（神戸大学），上條良夫先生（早稲田大学），三船恒裕先生
（高知工科大学），後藤晶先生（明治大学），和田良子先生（敬愛大学），竹内あい先
生（立命館大学），濱口泰代先生（名古屋市立大学），小川一仁先生（関西大学），
渡邊直樹先生（慶應義塾大学），花木伸行先生（大阪大学），安田洋祐先生（大阪
大学），尾崎祐介先生（早稲田大学），山根承子先生（大阪大学），竹内幹先生（一
橋大学），西村直子先生（立命館大学），小野坂優子先生（University of Stavanger），
奥平寛子先生（同志社大学），馬奈木俊介先生（九州大学），川越敏司先生（はこ
だて未来大学），江間有沙先生（東京大学），仲間大輔先生（リクルートマネジメン
トソリューションズ），本田康二郎先生（金沢医科大学）に深く感謝申し上げたい。
領域を超えた先生方との対話は，本書で掲げた第1の教養（多様性）の礎とな
り，筆者にとって研究への更なるモチベーションへとつながっている。

　また筆者は，会計領域でも，かけがえのない多くの研究仲間に恵まれた。筆
者が2009年から主宰するDEAR（実験会計学研究会）のコアメンバーである山
本達司先生（同志社大学，大阪大学名誉教授），上枝正幸先生（青山学院大学），三
輪一統先生（大阪大学），藤山敬史先生（神戸大学）には，これまでの利他的行
動に心から御礼申し上げたい。また，共同研究や研究会の場などをつうじて，
村上裕太郎先生（慶應義塾大学），椎葉淳先生（大阪大学），村宮克彦先生（大阪
大学），浅野敬志先生（首都大学東京），太田康広先生（慶應義塾大学），首藤昭信
先生（東京大学），奥田真也先生（名古屋市立大学），岡嶋慶先生（拓殖大学），福
川裕徳先生（一橋大学），石井康彦先生（高千穂大学），小林伸行先生（公認会計

士），大沼宏先生（中央大学），河瀬宏則先生（横浜市立大学），黒木淳先生（横浜市立大学），上村浩先生（高知工科大学），若林利明先生（上智大学），平野智久先生（福島大学），加藤達彦先生（明治大学）からは，多くの刺激を頂いている。また，いつも筆者を気にかけてあたたかい声をかけてくださる薄井彰先生（早稲田大学），坂上学先生（法政大学），中野誠先生（一橋大学），瀧博先生（立命館大学），三矢裕先生（神戸大学），林隆敏先生（関西学院大学），黒川行治先生（慶應義塾大学名誉教授），園田智昭先生（慶應義塾大学），永見尊先生（慶應義塾大学），西澤茂先生（上智大学），梅原秀継先生（明治大学），佐藤信彦先生（熊本学園大学），杉本徳栄先生（関西学院大学），奥村雅史先生（早稲田大学），徳賀芳弘先生（京都大学），藤井秀樹先生（京都大学），古賀智敏先生（神戸大学名誉教授），瀧田輝己先生（同志社大学名誉教授），石川純治先生（駒澤大学）にも御礼申し上げたい。

さらに，実務の第一線から常に厳しくもあたたかいお言葉をかけてくださる恩田勲先生（株式会社GTM総研代表取締役，元新日本有限責任監査法人常務理事），いつも応援してくださる株式会社スペースの林不二夫代表取締役会長，佐々木靖浩代表取締役社長をはじめとする役員の皆様にも心から御礼申し上げたい。

田口研究室第1期卒業生として研究者の世界に飛び込んできてくれた廣瀬喜貴先生（大阪市立大学），これまで笑顔溢れる最高の空間を作り出してくれた研究室の卒業生各位，いままさに「世界一の研究室」を目指して日々努力を重ねる澤田雄介氏（同志社大学大学院博士後期課程）を筆頭とする研究室在籍生のみんなにも，日頃のモチベーションの高さに御礼申し上げる。

また，本書の表紙についても言及しておきたい。表紙の絵は，ドイツのKurt Schwittersによるものである。彼は，メルツという独特の作品で表現主義を乗り越えようとした画家として知られる。筆者も，既存の概念を乗り越える革新的な著作や論文を絶えず世に問いかけることができたらと考えているし，本書もそのような想いを込めて執筆した。

さらに本書は，ミネルヴァ書房編集者の堀川健太郎氏の寛容さがなければ成立しなかった。辛抱強く原稿完成を待ってくださり，また本書のコンセプトと

合致する素敵な表紙絵を探してくださった。

　また，本書は，科研費基盤研究(B)（課題番号：15H03403），挑戦的萌芽研究（課題番号：16K13403），挑戦的研究（萌芽）（課題番号：19K21710, 19K21711），全国銀行学術研究振興財団2017年度助成，石井記念証券研究振興財団 H30 年度研究助成の研究成果の一部が含まれていることも付言し，御礼申し上げたい。

　最後に，いつも笑顔で支えてくれる私の大事な妻と子供にも感謝したい。しあわせな日々を，本当にありがとう。

　　　2020年 4 月
　　　　　春のやわらかな風が舞い込む古都今出川の研究室にて　　　筆者記す

索　引

(＊は人名)

《著者紹介》
田口聡志（たぐち・さとし）
　同志社大学大学院商学研究科後期博士課程教授，博士（商学，慶應義塾大学），公認会計士，㈱スペース社外取締役（監査等委員会委員），㈱GTM総研取締役。
　慶應義塾大学商学部助手（有期）などを経て現職。
　主　著　『デリバティブ会計の論理』税務経理協会，2005年。
　　　　　『実験制度会計論——未来の会計をデザインする』中央経済社，2015年（第58回日経・経済図書文化賞，第44回日本公認会計士協会学術賞，日本ディスクロージャー研究学会2018年度学会賞（書籍の部）を受賞）。
　　　　　『心理会計学——会計における判断と意思決定』（監訳）サラ・E・ボナー著，中央経済社，2012年，ほか多数。

　　　　　　　　　　　　教養の会計学
　　　　　　　　　——ゲーム理論と実験でデザインする——

　2020年4月20日　初版第1刷発行　　　　　　　　　　　　（検印省略）
　2021年6月30日　初版第2刷発行
　　　　　　　　　　　　　　　　　　　　　　　　　定価はカバーに
　　　　　　　　　　　　　　　　　　　　　　　　　表示しています

　　　　　　　　　　　著　　者　　田　口　聡　志
　　　　　　　　　　　発行者　　杉　田　啓　三
　　　　　　　　　　　印刷者　　江　戸　孝　典

　　　　　　発行所　株式会社　ミネルヴァ書房

　　　　　　　607-8494　京都市山科区日ノ岡堤谷町1
　　　　　　　　　　　電話代表（075）581-5191
　　　　　　　　　　　振替口座　01020-0-8076

　　　　　　　ISBN978-4-623-08835-5
　　　　　　　　Printed in Japan

ケースで学ぶアカウンティング

井原久光・中井和敏・石川　勝 著　Ａ５判美装カバー　448頁　本体3500円

ケースで学ぶマーケティング〔第2版〕

井原久光 著　Ａ５判美装カバー　320頁　本体3200円

入門経済学（オイコノミカ）〔増訂版〕

森田雅憲 著　4‐6判美装カバー　320頁　本体2800円

ミクロ経済学〔増補版〕

林　貴志 著　Ａ５判上製カバー　536頁　本体4500円

マーケットデザイン入門
●オークションとマッチングの経済学

坂井豊貴 著　Ａ５判上製カバー　186頁　本体3000円

──────── ミネルヴァ書房 ────────

https://www.minervashobo.co.jp/